掌尚文化

Culture is Future

尚文化·掌天下

RESEARCH ON THE STRATEGY OF CHINESE TRADITIONAL CULTURE TO
THE WORLD FROM THE PERSPECTIVE OF CROSS-CULTURAL COMMUNICATION

跨文化传播视角下
中国传统文化走向世界的战略研究

付 伟 ▶ 著

经济管理出版社
ECONOMY & MANAGEMENT PUBLISHING HOUSE

图书在版编目（CIP）数据

跨文化传播视角下中国传统文化走向世界的战略研究 / 付伟著 . —北京：经济管理出版社，
2021.8

ISBN 978-7-5096-8218-0

Ⅰ . ①跨… Ⅱ . ①付… Ⅲ . ①中华文化—文化传播—研究 Ⅳ . ① G125

中国版本图书馆 CIP 数据核字（2021）第 165825 号

策划编辑：宋　娜
责任编辑：姜玉满　王　倩
责任印制：黄章平
责任校对：董杉珊

出版发行：经济管理出版社
　　　　　（北京市海淀区北蜂窝 8 号中雅大厦 A 座 11 层　100038）
网　　　址：www.E-mp.com.cn
电　　　话：（010）51915602
印　　　刷：唐山昊达印刷有限公司
经　　　销：新华书店
开　　　本：720mm×1000mm/16
印　　　张：9.75
字　　　数：184 千字
版　　　次：2021 年 9 月第 1 版　2021 年 9 月第 1 次印刷
书　　　号：ISBN 978-7-5096-8218-0
定　　　价：98.00 元

前　言
PREFACE

　　在全球谋求共同发展的局势下，全世界范围内不同文化体系、不同民族、国家和地区之间的交流越来越频繁。作为我国当前的发展战略之一，文化发展已经成为我国当前经济结构改革进程中的主要工作之一，加强我国传统文化的对外输出，已经成为我国提高文化软实力、发展文化产业、维护国家国际形象、为我国民众抵御外来文化的侵蚀并树立正确的思想价值观的主要方式。

　　我国传统文化跨文化的对外输出，要将文化提升到国家战略的高度，要努力将我国建设成文化强国，要坚持传统文化"走出去"的战略方针，要实现两个方面的要求：第一，中国传统文化对人类文明史的贡献和影响；第二，中国传统文化提升中国的国际形象和话语权。但是在当前的世界格局下，我国在文化输出战略实施过程中应对的困难和挑战越来越多，再加上不同文化体系下的受众在信息时代呈现出了多元化的特性，使得我国传统文化的输出工作的方式出现了捉襟见肘的现象。同时，由于当前世界格局的风云突变，新的国际形势不断变化，国际分工也在悄然进行，如何在当前新时代、新环境、新挑战下推动我国传统文化跨文化传播工作，是一个非常值得研究的课题。尤其是在我国经济结构改革进程中文化产业也在不断构建并完善，为了扩大利用文化输出来带动我国文化产业发展的效应，从而促进我国经济结构调整，满足国际文化市场对高端文化产品和服务的需求，所以对于文化输出的研究，具有非常重要的现实意义和实用价值。

　　我国传统文化跨文化对外输出应做到：第一，明确我国传统文化传播内容的基本内涵，将具有丰富普世价值内涵的优秀传统文化以及独具传播魅力的中国特色社会主义文化作为我国传统文化对外输出的主要内容；第二，明确并确立我国传统文化对外输出的实施主体，构建一个能够联合政府、企业、民间组织和个人等不同的主体，形成一个政府主导、企业主体、市场运作、社会参与的文化走向世界的实施主体构架；第三，打造我国强有力的传统文化的对外输出的传播载体，形成有经济和机制做后盾、多元化传播载体为渠道的传播体系；第四，掌握我国传统文化跨文化传播的受众的特点，有针对性地制定不同的文化输出策略和方式；第五，明确我国传统文化对外输出的整体策略，从找准跨文化传播战略基础、构建文化输出微观策略、搭建文化输出的宏观体系三个方面入手，推动我国传统文化在跨文化体系下的对外输出。只有这样，才能够在明确的目标引导下，依托我国完全的文化对外输出传播方案，有效地将我国传统文化思想和中华民族价值观传播到不同文化体系下的受众心中，并且潜移默化地提高我国传统文化的影响力，从而真正实现维护我国在国际上的大国形象、提升国际话语权的目标。

付　伟

2021 年 6 月

目　录
CONTENTS

第一章　绪论

第一节　我国传统文化跨文化传播概述

自第二次世界大战结束之后，全世界的整体发展态势是和平共处、共同发展。随着经济全球化的不断推进，全世界范围内不同文化体系、不同民族、国家和地区之间的交流越来越频繁，活动也越来越深入。由于人为的主观意识的文化输出或者经济交流互动造成的文化思想的碰撞和冲突，不同文化体系下的文化交流与碰撞也越来越频繁。作为我国当前的发展战略之一，文化发展已经成为我国当前经济结构改革进程中的主要工作之一，加强我国传统文化在全世界范围内的对外输出，已经成为我国提高文化软实力、发展文化产业、维护国家国际形象、为我国民众抵御外来文化的侵蚀而树立正确的思想价值观的主要方式。

传统文化跨文化传播，已经成为我国的发展战略之一，各个领域都在积极推动文化输出工作。在2000年党的第十五届五中全会就针对国家"十五"计划中将文化输出作为发展战略，"实施'走出去'战略，努力在利用国内外两种资源、两个市场方面有新的突破"。自此，文化"走出去"就成为了我国政府在经济活动、文化贸易、外交活动以及其他非政府组织的相关活动中的主要文化交流工作。

随着我国文化输出战略的执行和推进，当前我国已经与世界超过 150 个国家在文化合作方面达成了协议，并且签署了相关文件和协定，从而在宏观发展上为我国文化交流和输出搭建了完善的平台。再加上我国经济高速发展，国际地位和影响力也在不断攀升，越来越多的国家和民众开始对中国有了了解，中国传统文化已经在全球范围内逐渐传播并产生影响力。例如"中国文化年"的文化品牌已经在全球范围内享有盛名，并且成为我国展示中国传统文化的重要渠道，孔子学院、海外文化中心的构建也成为散落在国外的宣传我国传统文化和思想的重要支撑点。近些年来，我国从经济角度、政治角度、学术角度、公益角度、非营利角度等举行了各类的文化输出活动，以推介我国传统文化的核心思想以及其在现代社会文明建设过程中体现出的现代价值和意义，这对全球文化体系多样化的维护和构建，促进全球文化产业发展起到了非常大的推动作用，也对其他国家的发展起到了示范带头作用。

但是，随着世界格局的不断变化，我国在文化输出战略实施过程中应对的困难和挑战越来越多，再加上不同文化体系下的受众在信息时代呈现出了多元化的特性，使得我国传统文化的输出工作方式出现了"捉襟见肘"的现象，再加上当前世界格局的风云突变，新的国际形势不断变化，国际分工也在悄然进行，如何在当前新时代、新环境、新挑战下推动我国传统文化跨文化传播工作，是一个非常值得研究的课题，尤其是在我国经济结构改革进程中文化产业也在不断构建并完善，所以对于文化输出的研究，以扩大利用文化输出来带动我国文化产业发展的效应，从而促进我国经济结构调整，满足国际文化市场对高端文化产品和服务的需求，具有非常重要的现实意义和实用价值。

第二节 国内文化输出的研究不足分析

对于我国传统文化跨文化输出，我国众多学者从不同角度进行了深入的研究。2008年，吴卫民和石裕祖两位学者发表《中国文化"走出去"路径探析》，分析了我国文化输出的各个方面的行为模式和经验教训等，并且提出了如何制定急需的配套政策法规、战略发展规划与应对策略，从而有效推动了我国文化输出工作的开展。2010年齐勇锋和蒋多发表《中国文化走出去战略的内涵和模式探讨》，在"十一五"规划实施过程中从我国文化输出的模式入手进行分析，认为我国文化产业和贸易工作的开展有后发性、赶超性的特点，并且提出了应当进一步创新有利于文化产业、文化贸易发展的体制机制、传播方式和公共政策，兼顾内需、外需两个市场的观点来促进我国文化传播的开展。2013年周蜻秋发表《关于中华文化对外传播的有效方式和策略的思考》，将我国传统文化划分为物质文化、艺术文化和思想文化三个层面，明确了我国传统文化对外传播的本质和内涵。2015年我国学者任成金发表《中国文化走出去的历史借鉴与现实选择》，认为我国的传统文化输出在国际文化市场的总份额比较低，国际文化市场认可度也不高，并且从具体实施上提出了相关的建议。虽然我国在文化输出工作方面及跨文化传播方面的研究比较多，但是整体上看，在当前的文献研究内容中，对于我国传统文化跨文化传播，缺少顶层设计和架构设计，从上层的理论支撑到具体的目标设定、实施主体设计和分工、宣传传播载体选择和培育、不同文化体系下的受众特点、针对性的实施方案以及对我国传统文化对外输出的整体实施策略等万面的研究存在不足。笔者正是从这方面入手来完成跨文化视角下我国传统文化走向世界的战略研究工作，从各个战略层面入手分析每个方面的不足及后续的建议，确保我国传统文化对外输出能够有效开展。

第三节　创新点

对于本书的研究，笔者首先结合当前我国现有的研究成果，设计了我国传统文化跨文化输出的方案，涉及传统文化跨文化传播的整体目标确定、传统文化跨文化传播的实施主体框架设计、传统文化跨文化传播的传播载体选择与培育、传统文化跨文化传播的受众分析和原则制定，并且针对当前我国文化输出工作存在的不足之处，提出了整体的实施策略，从而为我国传统文化跨文化传播提供了可借鉴的建议。其次，本书分析角度比较广泛，从文化输出、传播学等多个角度入手分析了各个部分的不足并提出了相关建议。同时，笔者还客观分析了我国文化输出工作中存在的问题，并且以传播学的影响效果为评判依据来分析我国传统文化输出的症结所在，应先致力于中华文化的自身建设，从考察文化对外传播的逻辑和文化走出去的"落地"实践上进行论证和关注。最后，笔者从跨文化传播学的角度，就我国传统文化对外输出的课题研究是立足于世界文化多样性维护、文化平等交流、和谐共存共赢的观点，这是从马克思主义文化观的角度出发，更与党的十八届三中全会的文化输出和交流的思想相契合。

第二章　跨文化传播视角下中国传统文化走向世界的理论基础

中国传统文化是中华民族上下五千年的精神思想结晶，也是中国民族大团结下的民族情感积淀和精神思想和价值观的结晶，对于我国现代社会主义发展来说，具有非常重要的现实意义。中国传统文化实现跨文化的全世界范围内的传播，要基于马克思主义文化思想以及跨文化传播方法论来实现。

第一节　经典思维理论

经典思想理论是在我国传统文化精神思想的灌输下我国文化产业快速发展的基础，也是我国当前文化战略发展的重要支柱。我国传统文化走向世界，需要在经典思想理论的支持下，依托马克思主义文化思想以及我国各届领导人对我国传统文化输出的理论，通过科学的理论支撑和有效的行为指导来实施我国传统文化在跨文化背景下的全世界范围内的传播。

一、马克思主义相关理论

马克思主义是我国特色社会主义思想的源头，其科学的世界观和方法论为我国社会主义发展以及文化对外输出提供了强大的理论依据和科学的实践指导。马克思主义世界观和方法论，并不是一条条具体的教条，而是为我国传统文化跨文化传播提供了理论基础，同时马克思主义世界观和方法论并没有对我国传统文化跨文化输出给予明确的实施方案，而是提供了面对问题的思维方式和解决问题的方法，所以借助马克思主义的世界观和方法论，让我们对我国传统文化能够更加深入地理解，并对文化输出的性质、意义、目标以及实施的条件能够理解得更加透彻，可以让我国传统文化在面对全世界不同的文化体系时，更加规范、科学地走向全世界。

第一，马克思主义世界观阐述了社会发展的一般规律，而这是在全世界都行之有效的普遍规律，当然，这对于我国传统文化对外输出也是适合的。马克思曾经说过："在任何社会的发展阶段，都离不开人的物质生产活动，物质生活的生产方式制约着整个社会生活、政治生活和精神生活的过程。"对于我国传统文化跨文化传播来讲，要分清楚文化、人之间的联系，并且按照社会发展的一般规律，来认清楚受众在接受文化，尤其是在有一定的文化体系下接受外来文化的规律以及所受到的物质生活、精神生活和社会生活的影响和约束，从而在本质上为我国传统文化跨文化传播提供一定的发展规律。

第二，马克思主义方法论为人类认识世界、改变世界提供了行之有效的方法，也是我国传统文化跨文化传播必须遵循的方法。马克思主义方法论为我国传统文化跨文化传播提出了辩证唯物主义和历史唯物主义的根本方法论的四大命题，即"一切从实际出发""对具体情况作具体分析""历史和逻辑相一致""理论与实践相结合"，也为我国传统文化跨文化传播提供了实践依据，正是马克思主义唯物辩证法，让我们在文化产业建设和发展方面有了比较完善的、具体的方法作指导，也为我国传统文化跨文化传播提供了工具。

第三，马克思主义文化理论的开放包容心态，让我国传统文化跨文化传播更加具有接受力和影响力。作为马克思主义的传承和发扬，中国特色社会主义结合了马克思主义文化观的开放包容心态，在我国传统文化对外传播的过程中，也要抱着开放包容、相互借鉴和吸收的心态，加大对内引进其他文化的过程，通过两者相结合，不仅让我国传统文化在不同文化体系下的受众更容易接受，而且还能让我国传统文化中的优秀思想不断吸收其他文化体系中的优点，从而使其更加优秀，更具影响力。马克思主义文化观是无产阶级强大的思想武器，主张开放包容，不断学习其他文化和经验来促进文化融合和繁荣，也为我国传统文化跨文化传播奠定了基础。

二、中国共产党领导人的文化传播思想

中华人民共和国成立伊始，中国共产党经历了以毛泽东、邓小平、江泽民、胡锦涛、习近平为核心的党中央领导，每个领导人都始终坚持马克思主义唯物辩证法来构建我国文化输出的思想，从而形成了我国共产党领导人在中国特色社会主义思想下文化交流观念，为我国文化战略的实践和文化产业的发展奠定了思想基础。

第一，毛泽东文化交流思想。以毛泽东为核心的党中央领导，非常重视我国的文化外交，看重向国外学习的态度，也正是这一文化交流思想，为中华人民共和国成立初期不断探索新的建设发展道路奠定了理论和思想基础，使我国特色社会主义建设和发展思想逐渐丰富起来。毛泽东文化思想延续了马克思主义唯物辩证法，提出了我国社会主义文化发展与建设要

依托我国传统文化优秀思想和观念，借鉴和吸收世界其他优秀文化的价值观，让我国逐渐变成了一个新兴的社会主义国家，在文化事业的发展上具有划时代的意义。毛泽东"古为今用"的思想让我国文化事业的发展从中国传统文化中汲取营养，而"洋为中用"的观念则是从当时世界上优秀的国外文化不断学习和借鉴，最终能够为我所用，这也为我国传统文化的对外输出奠定了良好的发展基础。在毛泽东的观念中，"近代文化，外国比我们高，要承认这一点"充分说明了中国共产党领导人对当时世界形势的认识透彻，进而形成了我国后续的发展方针，"一切民族、一切国家的长处都要学，政治、经济、科学、技术、文学、艺术的一切真正好的东西都要学"，也正是这样的方针和思想让我国优秀的文化思想与当时世界其他文化体系的思想不断地碰撞和融合，形成了我国当前以传统文化思想为核心的中国特色社会主义价值观，为我国文化事业发展繁荣、文化输出提供了强有力的保障。

第二，邓小平文化开放思想。作为中国共产党的第二代领导集体的核心，邓小平同志创造性地提出了改革开放的社会发展理念，其中也阐释了我国在改革开放期间文化建设的思想。也正是自改革开放开始，我国的文化事业发展和产业建设有了新的起点，最终形成了中国特色社会主义的文化新思想，并且逐渐影响着后续领导人的文化建设思想，为我国社会主义文化建设以及保持文化开放和对外传播的观念提供了理论依据，也正是邓小平的开放思想以及后续几代领导人在文化建设上的不懈努力，才取得了今天的文化繁荣发展的巨大成就，所以说邓小平文化开放思想是毛泽东文化思想的升华和创新，也是我国文化事业建设巨大成就的起点。邓小平文化开放思想是我国改革开放的一部分，作为中华人民共和国建设的总设计师，邓小平根据世界的形势变迁，基于经济、政治开放的理论前提，开创了文化开放思想的新起点，要求我国文化事业的发展也要像经济开放一样，始终强调坚持改革开放、坚持向他国学习的态度，正如邓小平同志所说的，要善于从其他国家和民族的文化中汲取营养发展自己。我们讲借鉴，目的是通过继承和借鉴，使外来文化的精华，同中国共产党的优良传统和革命精神有机地结合在一起，并在新的实践基础上不断创新，建设和发展有中国特色的社会主义文化。同时，在文化输出的工作开展方面，邓小平文化开放思想也强调了要让"引进来"和"走出去"两方面的工作相结合，做到文化开放的过程就是文化输出对外开放以及学习借鉴他国文化的结合。

第三，江泽民的文化建设思想。在以江泽民同志为核心的第三代党中央领导集体时期，我国经济在改革开放的春风沐浴下有了长足发展，国家的综合实力也不断攀升，文化在我国社会主义体系建设中的重要性也越来越突出。江泽民同志面对世界形势风云变幻，认为我国文化事业的建设要代表我国先进文化的发展方向，提出了建设我国新时期文化的观点，并以此提出了我国文化产业发展的前进方向和发展要求，从而加强了中国共产党和国家对新时期文化建设的认识，为我国新时期文化事业发展奠定了良好的基础。江泽民同志强调指出："我们能不能继承和发扬中华民族的优秀文化传统，吸收世界各国的优秀文化成果，建设有中国特色社会主义的文化，这是事关中华民族振兴的大问题，事关建设有中国特色社会主义事业取得全面胜利的大问题。"所以，在以江泽民同志为核心的第三代党中央领导下，进一步明确了我国新时代文化建设的目标，要坚持对外开放，并充分利用对我国文化事业发展有利的国际条件，通过加强文化体制的变革，发展文化产业体系，加速我国社会主义现代化进程。

第四，胡锦涛的文化软实力思想。在党的十七大报告中，中国共产党就将文化提升到国家战略的高度上，将"提升国家软实力"作为最基本的发展战略，这也就说明了在以胡锦涛总书记为核心的党的第四代国家领导集体，已经将文化的重要性提升到了国家和社会发展的最高水平。在党的十七大召开过程中，胡锦涛同志明确了文化是国家综合实力中的"软实力"，中国共产党和国家要站在全局最高点来将文化发展提升国家软实力提到新的战略位置，从而实现中华民族的伟大复兴。此外，胡锦涛同志在中国共产党建党 90 周年大会上将文化发展作为国家软实力提升做了进一步明确，"要着眼于推动中华文化走向世界，形成与我国国际地位相对称的文化软实力，提高中华文化国际影响力"。所以，在全球化的背景下，依托我国优秀的文化资源，来推动我国文化软实力的提升，并且将中国传统文化实现不同文化体系下的全世界范围内的传播，从而提升我国的全球影响力。

第五，习近平的对外文化交流思想。以习近平总书记为核心的党中央第五代领导集体在国家积极发展文化事业的基础上，提出了对外文化交流的思想，总体上看可以分为两个方面：积极创新对外传播力理念，更新对外传播形式；加强传播能力建设，重塑中国大国形象。在习近平总书记的对外文化交流的思想上，我国首先改变了以往的传播形式和理念，在原有单纯地传播传统文化的基础上，增强了我国传统思想的现代价值观，即中国特色社会主义价值观，这是我国传统文化思想"古为今用"的具体实践，也是我国传统文化思想体现现代价值的关键所在。其次，通过文化对外交流，增强我国在国际舞台上的形象，体现作为一个国际大国的责任和担当，并且通过加强文化传播能力，来扩大不同文化体系下的受众影响范围并提升效果，从而展示中华民族的独特文化魅力，增强国际话语权。

第二节　文化全球化理论

根据美国社会学家罗兰·罗伯逊的研究结果，全球化进程不仅是要实现经济的全球化，更是要实现文化全球化。文化全球化已经成为一种势不可当的发展趋势，是人类文明发展在打破区域障碍限制后的一种客观现象，更是人类文明下不同文化体系的交融、吸收、创新和增强的标志。从社会和政治的角度看，文化全球化削弱了政治控制的力度，让人为设定的社会界限开始贬值；从人类文明发展的角度上看，文化全球化是人类文明发展的必然结果，是人类发展的趋势。在文化全球化的进程中，我们不能人为地阻碍文化全球化的发展进程，要像经济全球化发展那样，通过积极参与其中并且制定发展规则，从而实现文化共荣、互通互进、沟通融合的效果，从而实现全世界范围内的不同文化体系的文化"和合共荣"与"和谐发展"。

一、文化全球化的传播内涵

有关文化全球化的传播内涵目前仍然存在争论，不同的学者间存在意见分歧，主要原因是文化全球化涉及范围比较广，分析视角也不同。对于文化全球化的传播内涵，有的学者认为是"全球范围内不同文化的相互交流和相互作用下逐渐同质化的效果"，也有的学者认为是"文化交流的深化，是人类文明在发展过程中建立的共享化的文化信息模式，能够实现不同文化思想之间的相互影响"。虽然不同学者对于文化全球化传播的观点存在分歧，从不同的视角来阐述文化全球化，但是其核心是一样的，即文化全球化是不同文化之间开放的结果，是不断冲突、交流、影响后的最终状态。

在当前，经济全球化已经成为全球经济发展的趋势，而以经济为基础，逐渐向文化等领域趋于全球化进程的变化是一种必然趋势，文化全球化的发展，要求全球范围内的每一个国家在自己的文化资源、文化产品以及文化服务上都要符合全球化的规律和特点，只有这样才能实现文对外输出和影响。所以，文化全球化的传播内涵，可以从以下几个方面来理解：

第一，文化全球化的发展，是实现文化对外输出，即向全球范围的传播，这也是在经济全球化发展的基础上不断发展起来的，是文化发展的必然历史进程，类似于经济全球化的发展，文化全球化在表现形式上也是全世界范围内的传播与交流。在同一个世界村的概念下，各个民族、各个国家之间的文化信仰、文化精神、生活习惯等逐渐交融并产生同质化的现象，在文化认知上也开始了大规模的交流，使得全世界的民众在文化价值观念上逐渐有了相似的观点，这为文化全球化发展奠定了良好的基础，再加上科学技术手段越来越发达，互联网通信技术被广泛应用，全世界民众打破了原有的时间和空间的局限性，为全世界文化进一步传播和交流提供了客观条件。所以，当前已经具备了文化全球化发展的客观环境和条件，而且各种全球公共问题也逐渐出现，各个国家的交往与合作也逐渐深入，全世界民众已经逐渐有了"全球意识"，这些都加速了人类文化全球化时代的到来。

第二，文化全球化是文化在全球范围内的不同文化体系之间的交流与影响。随着经济的不断发展，各种现代科学技术也有了足够多的资金支撑来加快现代人们的思想和文化的交流与影响，不同时区、不同地区的人们可以突破传统意义上的时间和空间的沟通限制，达到文化快速交流与影响的效果。所以，文化全球化的第二层含义就是不同文化体系之间的交流与影响，需要达到这一个层次，就需要突破传统意义的时空限制，这一部分现代高科技已经突破，此外还需要突破语言的客观限制和文化认同的主观限制，只有这样才能实现全世界范围内的文化交流、渗透、学习与影响，逐渐形成文化全球化的频繁交流局面。

第三，文化全球化要实现全世界不同文化的多样化共存、相互借鉴并和谐发展的局面。马克思主义文化思想就曾经提出过"世界的文学"概念，其实就是文化全球化的具体阐述，要实现世界文化体系多样化，实现不同文化体系的和谐发展，体现不同民族、不同国家的文化价值观。文化全球化的前两个层次，主要是客观限制和部分主观限制，而要实现文化全球化的多样化文化共存，则需要全世界的民众主动参与到文化交流中来，并且让文化交流与繁荣成为一种长期存在的人类文明制度和意识形态，从而让全球不同民众形成一个全新的世界民族，在突破传统的文化认同和宗教信仰的障碍，迎接来自不同文化的精神文明的洗礼，从而让世界不同体系下的文化随着人类文明的发展而逐渐求同存异地出现多元化发展而后和谐共存的新局面，最终形成马克思主义下的多元化和谐共存、差异性相互包容的"世界的文学"，这也是文化全球化的最终归宿。

二、文化全球化的传播方式

文化全球化的发展，最终实现多样化文化体系和谐共存的局面，而本质是不同文化体系突破原有的地域局限和时空限制，不断地在全球范围内进行传播、交流、影响并融合。从文化全球化下的传播方式来看，一般分为"濡化"和"涵化"两种方式，其中"濡化"是指文化以文化内容为核心的纵向传播，而"涵化"则是文化以文化受众为核心的横向传播。

文化纵向"濡化"传播。两个不同体系下的文化，由于相互接触和影响而逐渐出现文化融合和变迁，最终形成一种新思想的文化体系。文化"濡化"传播，很多时候是某个文化体系通过主动选择后学习和吸收另外一个文化特征，而起到主导作用的文化体系不断影响驱使被动的文化体系产生改变。例如，唐朝时期我国汉文化举世闻名，日本就曾经派专门的人员到我国学习汉文化并输入到日本文化中对其产生影响。文化"濡化"传播很多时候会使学习者或被影响者主动放弃自己的文化需求，逐渐被主导文化输入并产生影响。

文化横向"涵化"传播。文化"涵化"传播，通常是以文化个人的群体，在长期集中接触而产生的文化融合的现象，文化"涵化"传播更加强调文化个体的影响性，常见的方式也有直接传播方式，例如以前的传教士；刺激传播方式，如先进的文化刺激他国而形成文化固定迁徙的现象。文化"涵化"传播，因为接触力度和影响的不同而产生的效果不一样，"涵化"传播需要更加注重载体传播特性和影响效果。

整体上看，文化"濡化"的纵向传播，是一种文化被完全吸收后形成的新的文化形态，而文化"涵化"的横向传播，则是不同文化的交流、渗透、影响的结果。在文化全球化的发展进程中，文化"濡化""涵化"传播是相辅相成的，往往是两种传播方式相互融合、相互交叉的共同作用的效果。我国传统文化的跨文化传播，也需要借助文化全球化传播的力量，来不断地"濡化""涵化"其他文化体系下的受众，并且要持有开放的态度不断学习和吸收其他文化体系的优点，从而真正实现文化全球化传播的效果。

第三节　跨文化传播理论

跨文化传播理论，更加强调不同文化体系下受众特性，由于不同的受众特点让跨文化传播方式、内容和实施方案等诸多方面都具有多样性。

一、跨文化传播概述

跨文化传播在文化传播理论研究中起步较晚，20 世纪 70 年代，John Carl Condon 和 Yousef 从人类学、语言学、国际关系学、修辞学等多个方面合著了《跨文化传播学导论》，从而开启了跨文化传播学的新启程，此后随着跨文化传播学的发展，形成了专门的学科，并逐渐得到文化传播学领域的认可。

我国的跨文化传播学研究，起步相对于国际上来说比较晚，不少学者也都开始翻译或编纂跨文化传播的相关书籍，从而开启了我国跨文化传播学科的新篇章。随着我国文化事业的不断发展以及国家对文化对外输出的不断重视，跨文化传播的研究也开始逐渐深入。我国学者段连城在 1988 年出版了《对外传播学初探》一书，可谓是我国具有创新意义的跨文化传播著作，段连城在《对外传播学初探》中强调了我国文化对外传播的基本原则，并且强调了文化对外传播要注重"文化差别"的观点。2004 年，我国学者沈苏儒出版了《对外传播的理论与实践》，提出了我国文化对外传播的本质——"跨文化传播"，从而让我国文化对外传播的研究更加透彻，而后越来越多的学者延续了"跨文化传播"的概念，开始了更加深入的研究。例如 2010 年单波出版的《跨文化传播的问题与可能性》、2015 年孙英春教授的《跨文化传播学》就是"跨文化传播"的具体阐述。当然，我国在跨文化传播的学术内涵上仍然存在一定的分歧，但是其在我国传统文化跨文化传播的具体实践上仍然提供了非常丰富的参考建议，而且随着我国综合国力的不断增强，文化传播的实践也越来越深入，这些都为我国跨文化传播理论提供了丰富的经验和案例供我国学者研究，相信在不久的将来，我国跨文化传播理论将会在世界文化传播学术中随着我国在不同文化体系中的文化影响力的不断提升也会大放异彩。

二、跨文化传播理论

作为文化传播的一部分，跨文化传播学是一个理论体系颇为庞杂的学科，基于文化传播学的理论研究，涉及文化传播的主题、概念、范式、话语等方面的内容建设。

从开始之初，跨文化传播理论是在文化传播的基础之上进行了拓展和丰富，这也算是较为常见的，当然也有学者通过对其他学科的理论进行引用和创新作为跨文化传播理论，当前最常用的跨文化传播理论，是从 20 世纪 80 年代开始单独发展起来的理论，主要分为两大类：一是文化传播和差异理论，二是跨文化适应和调整理论。

第一，文化传播和差异理论。在文化传播理论层面，常见的能够代表文化差异性传播的有传播与文化的构建、文化协同管理等，在文化差异层面，常见的能够代表文化差异性传播的面子协商理论、高语境文化理论与低语境文化理论等，这些理论知识都为跨文化传播理论体系奠定了理论基础。国际传播学学者詹姆斯·阿普尔盖特在 1988 年就开始深入文化传播领域的研究，但是他是借助于建构主义理论作为切入点，来研究文化与传播之间的不同视角下的相互作用和关系。詹姆斯·阿普尔盖特认为，传播本身是信息分享、交换的过程，需要有目标驱使，实施主体会根据自己的目标来达到信息交互和识别的过程。国际传播学专家巴尼特·皮尔斯则是从文化传播的协同管理中起到的角色作用进行分析，并提出了文化意义的协同管理理论，他认为所有的文化传播是社会性的传播，不同的传播链条之间各不相同，而道德秩序对于社会性和多样性，对于传播来说具有信息传播和信息解析的作用。

随着跨文化理论研究的不断深入，对于不同文化体系自身差异性而产生的传播差异性的理论研究也逐渐开展起来，其中面子协商理论就是从东西方文化的差异性入手来研究传播差异性的相关理论，根据面子协商理论内容，每个文化体系下的成员自身具有自己的"面子"，而如何管理自己的"面子"则由其内在的文化价值观来决定，尤其是面对冲突情景或对"面子"有影响的事情的处理方式，也都由不同文化体系下的文化价值观影响。此外，高语境文化理论和低语境文化理论，也对文化差异性下的文化传播进行了阐述和解释。根据传播学专家爱德华·霍尔的理论研究，他从文化语境的角度出发，将其分为高语境和低语境，并且认为，高语境文化中的语言含义相对模糊，而且在高语境文化中，语言并不能代表所有的意义，所以需要从文化群体思维习惯中去阐述，而低语境文化则是相对清晰和明确的，且语言本身就可以明确其基本含义。根据高语境文化和低语境文化的理论，爱德华·霍尔将当前世界的文化体系进行了划分，例如划分在高语境文化体系中的有中国、日本等国家含蓄文化形态下的文化体系，而低语境文化中则包含欧美等国家直白文化形态下的文化体系。对于高语境文化的问题体系，需要借助民族习惯、思维方式等来加以阐释，而低语境文化则由于语言本身的直来直去很容易让其他文化体系下的受众理解。对于高语境文化和低语境文化而言，两者是从语言文化形态上来阐述了跨文化传播的行为特点，也表明了跨文化传播下不同文化体系，尤其是不同语境文化体系下的受众自身由于受自己文化的影响，在思维方式、文化接收行为特点上存在差异性，这也为跨文化传播存在的主观障碍，需要跨文化传播不得不考虑和面对的客观现象。

第二，跨文化适应和调整理论。跨文化适应和调整理论是指文化交流的实施主体之间的相互调整与适应，常见的具有代表性的理论有跨文化适应理论、传播调整理论等。

1983年，传播学专家休伯·埃林斯沃斯提出了跨文化适应理论，根据休伯·埃林斯沃斯的研究成果，传播主体下的不同传播活动都会受到文化差异性的影响，要面对不同的受体，需要考虑文化相关要素来不断适应。基于跨文化回应理论，休伯·埃林斯沃斯对跨文化传播的理论体系建设提出了各种假设，他指出只有在传播过程中实现功能性的适应以及适应中的公平，文化跨文化传播才能更具有效性，而非功能性的适应则会激发文化冲突和矛盾，阻碍或延缓任务的完成；跨文化的功能性适应，需要传播主体之间相互合作，这样才能出现适应中的公平。

跨文化调整理论，则是侧重于在跨文化传播过程中面对不同的社会语境，传播主体的行为需要进行对应的调整。在跨文化调整理论方面，具有代表性的是会话调整理论、传播调整理论。20世纪70年代，传播学专家霍华德等通过对人们在交往过程中的会话策略进行研究，发现在受体所在的社会语境中语言会发生变化，其中口音变化最为明显。根据会话调整理论，霍华德等人提出了信息表达主体在与受体的沟通交流中，主体会调整自己的会话策略，如"趋同"策略或"分化策略"等，来实现与受体之间的传播距离的调整，从而实现不同的传播效果。基于会话调整理论，贾尔斯将传播影响因素从语言因素扩展到非语言因素，认为主体与受体之间可以使用会话策略、行为策略等来表明自己的态度，从而获取受体的赞同与好感。所以，跨文化调整理论是在传播范围扩大到不同文化体系下的传播主体与受体之间，而且传播主体的语言、行为策略甚至是传播动机都会影响受体的接收效果和影响质量。

三、跨文化传播的内涵界定

跨文化传播的本质，就是两个不同文化体系进行碰撞、交流、融合的过程，需要涉及文化及传播的所有内容。对于"跨文化传播"的内涵界定，我国在学术界尚未形成统一的学科理论体系，常见的汉语表述也非常多，例如"跨文化传播""跨文化交流"等，再加上很多领域的专家学者从不同的角度本着不同的目标都在研究跨文化传播，所以在对"跨文化传播"的内涵界定上也存在一定的范畴。笔者从国外文献翻译中去寻求答案，在翻译上也会造成一定的差异性从而使得学术角度上也会造成认可的差异性。例如，从传播学的角度上讲，很多学者都倾向于"跨文化传播"的翻译方法，认为该词更具有针对性和有效性，但是从事语言学的专家学者更倾向于人际交往以及跨文化体系下不同个体之间的交际习惯和技巧等，所以会选择"跨文化交际"的翻译方法，对于从事国际关系处理和外交的专家学者则侧重于不同文化体系之间文化活动的交流，所以更多地选择"跨文化交流"的翻译方法。

根据跨文化传播的理论研究以及本书的研究目的，笔者认为跨文化传播是传统意义上的信息传播意义范畴的延伸和拓展，是突破了跨文化背景下的人际传播的范畴，在本书研究中更加强调的是大众传播作用的"跨文化传播"，即其中传播主体媒体向另外一个文化体系下的受众进行的大众传播的实现。所以，本书"跨文化传播视角下中国传统文化走向世界研究"中，跨文化传播、不同文化体系全世界范围传播、文化对外输出更多都是从"跨文化传播"学的角度出发，重点研究大众传播的载体传播影响。

对于跨文化传播的具体内涵的界定，笔者从诸多研究文献以及我国具体的传统文化传播实践案例中进行分析和研究，认为跨文化传播本质上是不同文化体系或不同的文化形态之间的文化交流、渗透、碰撞、共享、融合、创新的过程，而这些文化传播行为的实现则是需要传播主体与受体之间的文化信息沟通和交流，并且逐渐产生大范围的影响，从而实现对受体国家、民族或群体性的文化影响。在跨文化传播的具体内容上，传播学著名的拉斯韦尔 5W 模式对跨文化传播进行了明确的说明，从而让跨文化传播更具有可操作性，也为我国传统文化的跨文化传播提供了实践建议。拉斯韦尔 5W 模式提出了"Who""Says What""In Which Channel""To Whom""With What Effects"模式，定义了传播的实施内容，即传播主体是谁（"Who"）、传播内容是什么（"Says What"）、传播渠道是什么（"In Which Channel"）、传播受众是谁（"To Whom"）、传播的效果如何（"With What Effects"）。根据拉斯韦尔 5W 模式，跨文化传播由于不同文化体系下受众差异性的影响，需要考虑传播情况、传播目的的额外因素，从而为跨文化传播的实施更具可操作性和有效性。如图 2-1 所示，跨文化传播理论的 7W 模式。

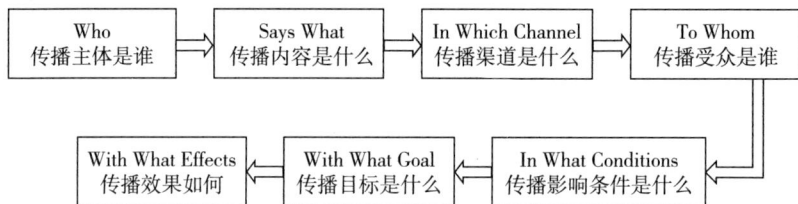

图 2-1　跨文化传播理论 7W 模式

资料来源：根据布雷多克《拉斯维尔公式的扩展》自绘。

　　根据跨文化传播的 7W 模式，我国传统文化的跨文化传播，需要明白传播的实施主体、传播内容、传播渠道、传播受众、传播环境或条件、传播目标、传播效果 7 个方面的内容，本书研究也会从这几个方面入手，分析我国传统文化跨文化传播的实施主体是谁、特点是什么、传播内容、传播渠道是什么、传播受众有什么特点、不同文化之间的差异性、传播目标是什么以及如何提高传播效果，从而完成本书的研究，为我国传统文化跨文化传播提供借鉴和参考。

第三章 跨文化传播视角下中国传统文化走向世界的意义

人类文明的发展，是文化在不同范围内的传播和影响，才使得每个个体成为"人"，人类社会成为"类"，所以文化传播和影响让个体之间有了共同的文化传承，最终形成了具有统一思想、统一思维方式的群体。人类文明的发展，离不开文化的传播，而文化传播则又促进人类文明的不断向前发展。在人类文明史开始发展时，文化传播就不断发展，但是碍于地域局限性导致文化传播范围有限，而随着时间的推移出现了文化的局域特性，最终形成了不同的文化体系。随着交通工具的不断发展、现代高新技术的不断应用，全球范围内的人类活动空前繁荣，而不同文化体系的传播、渗透和影响也越来越剧烈。发展国家文化事业，构建国家文化软实力，提升国际地位和话语权已经成为我国文化发展的重要目标。党的十七届六中全会就明确指出："没有文化的积极引领，没有人民精神世界的极大丰富，没有全民族精神力量的充分发挥，一个国家、一个民族不可能屹立于世界民族之林。"所以，我国要将文化提升到国家战略的高度，要努力将我国建设成文化强国，坚持传统文化"走出去"的战略方针，将我国传统的优秀文化和精神思想在不同文化体系下进行全世界范围内的传播，从而为我国构建良好的国际背景，提升国际话语权。

第一节　应对文化竞争，维护国家文化安全

我国传统文化跨文化的对外传播，可以有效地应对同质文化和异质文化在国内市场、国际市场的竞争，实现维护我国国家文化安全的目标。人类文明发展过程中，地域局限性和人为的社交限定让世界的文化逐渐呈现出不同的文化体系，文化本身并不具有侵蚀性和威胁性，但是很多时候人为地将文化与该国家发展和民族利益扯上关系，这个时候就会具有侵略性和挑衅性。正如爱德华·赛义德在《文化与帝国主义》中所言，"文化逐渐地与民族或国家联系起来，并且具有挑衅性，这使'我们'有别于'他们'，这种区别几乎总是带有对他者的憎恶，从这个意义上讲，文化是身份形成的源头，而且还是一个相当寻衅好斗的源头，这从最近的'回归'文化传统的现象上可以看出来"。所以从他的研究上看，文化是民族和国家自我塑造的基础，也是让所属不同文化体系发生出土的根源，在文化输出过程中出现文化竞争是必然的结果，对于我国来说，通过文化输出来实现我国中华文化在国际上的文化竞争，以维护国家文化安全。

第一，应对同类文化体系的竞争。东亚文化的核心是中国的汉文化，汉文化不仅是对中国，对韩国、日本等国家也都有非常重大的影响。在汉文化的传承与输出方面，相对于日本、韩国，我国仍然处于落后地位，日本、韩国等国家在世界文化舞台上一直在努力成为文化强国，并且对我国传统文化的对外输出形成了非常强烈的竞争态势。以韩国为例，韩国成功将江陵端午祭申请为世界文化遗产，又开始在世界上宣扬中医、甲骨文、《兰亭序》等中华瑰宝为韩国人所发明。日本与中国在汉文化的竞争也非常多，比如茶道等，这些国家对中国传统文化的竞争现象不一而足，对于

我国传统文化走向世界来说也是非常大的挑战。此外，国外研究东西方文化的机构也对我国汉文化，尤其是"儒家文化"在东亚产生的影响进行了深入的研究，并且发现韩国是受"儒家文化"影响最大的国家，其首都首尔是与"儒家文化"核心价值观最为贴切的城市，而有些传统文化在我国反而未受到足够重视。面对同类文化体系的其他国家或民族的文化竞争，我们要坚持文化自信，并且要对我国传统文化进行保护和传承，将传统文化的核心价值继承、发扬并传承，并且借助当前的文化战略将我国传统文化传播出去，只有这样才能赢得同类文化的国家竞争。

第二，应对异类文化体系的竞争。我国传统文化不仅要应对东亚文化的同类文化体系的竞争，还要在当前文化全球化进程中，与全球不同的文化体系进行竞争，以维护国家的文化安全。在当前人类文明空前发达，经济、技术、人员等已经在经济全球化的格局下出现了全世界范围内的流动，使得不同的文化都在经济活动的交流下被带入了全面交流中，并且出现了文化冲突和摩擦，文化全球化的进程也已经逐渐开展起来。在文化全球化的进程中，西方国家由于在经济发展中占据了有利地位，所以西方文化的扩张在全世界范围内都产生了巨大的影响。西方文化已经成为资本主义侵蚀第三世界国家的工具，正如马克思所说，资本主义社会正在带着温柔的面纱，展现帝国主义高雅的绅士风度，呈现给第三世界国家受众的精神世界和内心。当前，很多国家和民族都已经意识到了西方文化在西方国家强烈的攻势下咄咄逼人，一些西方国家，凭借着自身强大的经济实力和技术力量，向全世界灌输其自身的价值观念，影响着全世界受众的意识形态，严重地给他国文化安全造成了威胁，所以很多国家或民族都意识到自己国家在现代化发展进程中文化已经受到西方文化的侵蚀和渗透，尤其是西方文化中的糟粕思想对本民族的年青一代的思想伤害和价值观的扭曲，让越来越多的国家开始有了强烈的民族意识形态，对于自己民族性和区域性的文化都有了保护心理，所以使得不同文化体系下的自我保护更加强烈。对国际关系的发展和国家竞争来说，文化领域的竞争可以维护本国的基本利益和主权，并且可以推动文化产业发展继而带来更多的经济效益和国际认可度，所以不同文化体系之间的文化输出竞争异常强烈，尤其是在当前西方发达国家借助先进的科学技术和雄厚的经济实力，对第三世界的国家开始疯狂的文化侵蚀和渗透，不同文化体系自身的抗性更是让文化的冲突更加激烈化，而由于文化被人为地加上了经济、政治的意义，往往在冲突过程中呈现出了不平等的特点。正如马克思和恩格斯对资产阶级文化的评价所言，资产阶级的文化为全世界多民族的文化产生了巨大的威胁，资产阶级加快了生产工具和交通工具的革新和使用，让更多的野蛮民族参与到文明中来，而资产阶级靠着低价的商品来为自己筑起了坚强的壁垒，消除了野蛮民族的仇外心理，但是却采用资产的方式按照资产阶级的期望和面貌来改造这个民族，所以加速了民族的灭亡或者使其成为资产的一部分。对已异类文化的竞争，不少现代学者也做了深入研究，美国学者杰姆逊就曾经发表文章称，当前世界的文化输出主导权在第一世界的国家受众，其野蛮地将自己的文化思想、正式意识形态、思想价值观念输出到第三世界国家并迫使其接受，而第三世界国家自身的民族信仰、思想价值观、政治意识形态甚至是母语都在逐渐消失并灭亡。所以，对于全世界来说，尤其是第三世界国家来说，由于自身在国际地位、经济市场等国际舞台上处在边缘地位，在文化竞争中本身就处于一种不平等的状态，导致自己国家的文化发展仍然处在一种被殖民的状态，自己民族和国民的意识形态、价值观等都在逐渐被影响、改变，自己的优秀文化也在逐渐消亡。所以，在当前文化全球化发展过程中，文化安全是头等大事，谁能够主动占有先机并创新地设计发展更多文化产品或服务，谁就能够在国际文化市场上占据更多的资源，而在文化竞争中取得最终的胜利。

文化安全不仅是文化领域的竞争，更多的是与国家主权、民众的价值观念、思维意识形态相关联，在对应国际上同类或异类的文化竞争，我国要强而有力、积极主动地迎面而上、知难而进，不断地加强本国文化产业的发展和建设，构建抵御外来文化侵蚀和渗透的软实力屏障，从而维护我国民众的优秀思想意识，树立正确的思想价值观念，养成良好的行为方式和思想观念，从而保证我国在国际文化竞争中能赢取最终的胜利，真正维护我国传统文化的安全，维护国家主权的安全。

第二节　增强文化软实力，提升国家形象

我国传统文化跨文化的对外传播，可以有效增强我国文化软实力的构建与发展，从而提升我国在国际舞台上的大国形象。一个国家的文化力量，不仅彰显了国家的综合实力以及在国际关系上的竞争力，更是体现一个民族的精神结晶和集体纽带。"软实力"是一个民族精神结晶的具象，是一个国家彰显综合实力、在国际关系中获取更多话语权的关键，我国已经将文化提升到国家战略的层面，通过增强我国文化软实力，来维护我国在国际舞台上的形象和地位，提升我国在国际关系中的话语权。对于构建文化软实力，我国在古代灿烂的传统文化就有所体现，《论语·子路》篇有云"远人不服，则修文德以来之"，《易经》中也曾说道"观乎人文，以化成天下"，这些都是我国古代以"文德"服人，以"人文"来构建国家的文化软实力建设的思想。在当前激烈的国际竞争中，我们只有脚踏实地地提升我国的文化软实力以增强综合国力，从而不断地在国际舞台和国际文化市场上占据有利地位，这样才能够真正地在国际竞争中提升自己的地位。

何谓文化软实力？对于这一疑问我国很多专家学者不断地深入研究发现，文化软实力是我国以文化因素为核心形成的民族和国家凝聚力、民族

生存的创造力和生命力，并且对其他同质文化或异质文化的民众而产生的中亚影响力。所以，在当前仍然以和平发展为主体的国际形势下，紧紧围绕文化为核心积极实现文化软实力的构建与提升将会为我国的稳定发展和经济提升打造良好的环境，也为我国在国际竞争中维护良好的大国形象、提升国际舞台地位来说具有非常重要的现实意义。正如英国著名学者培根所言，"知识的力量不仅取决于其本身价值的大小，更取决于它是否被传播，以及传播的深度和广度"，所以，在增强我国文化软实力，维护国家形象的过程中，文化的开放与输出是重中之重，如果我们对自己的传统文化秘籍自珍，那么其在国际的知名度和影响力微乎其微，只有不断地在我国改革开放的政策下，坚持我国传统文化的对外输出，才能够充分发挥我国传统文化在现代文明建设过程中的价值和意义，才能在国际舞台中获取更高的认可度和影响力，只有这样才能让中国在国际舞台上掌握更大的主动权。

就目前的状况来看，我国文化软实力的建设和发展远远跟不上当前日益激烈的国际形势变化，我国传统文化和思想不断地被西方文化所侵蚀，尤其是当代很多年轻人的思想越来越西方化，这对于我国传统文化思想的传承以及国家文化软实力的构建来说非常具有威胁性。再加上，在我国快速崛起过程中，西方国家对我国有很多不实宣传，使得很多国家对我国的快速崛起产生疑虑，也有不少外国民众在西方不实报道和恶意言论的影响下对我国产生了诸多误解，认为我国的社会主义制度存在缺陷，认为我国存在人权问题等，这些给其他国家民众造成的错误认识都是西方从文化竞争的角度来损害我国在国际上的良好形象，阻碍我国和平发展和崛起的社会主义现代化进程。

所以，在文化软实力的构建方面，我国不仅与西方发达国家存在很大的距离，更是无法应对当前西方国家对我国和平发展崛起的污蔑和抹黑的舆论造势，与我国高速发展的经济态势、社会主义和谐国家构建来说也非常不匹配，我国要积极地开展文化产业和文化教育宣传，将文化提升和传统文化思想传承作为文化软件里构建的一部分，使其与政治、经济、社会、环境等发展成为一个和谐统一的整体，从而不断地促进我国文化软实力的构建与提升，促进国家综合实力的构建，以维护我国在国际舞台上的地位和大国形象。在文化软实力构建方面，我们也要采取多样化的途径，例如我国文化艺术和社会人文的沉淀、文化要素的构建和文化产业的发展等。曾经有学者对国外意见领袖的调查，结果发现在我国奥运期间，国外民众最想感受的是中国的文化要素，而且这远远高于社会、经济、政治等基本要素，这就说明了为了能够展示良好的国家形象，文化要素的构建至关重要，这不仅是展示国家软实力的具体表现，更是中华民族精神文明和文化思想的凝聚和体现。我们要坚持不懈地实施文化战略的发展，坚持文化输出的战略要求，让中国传统文化作为我国文化软实力构建的核心，通过不断地对外输出，在"润物细无声"之间不断地在其他文化体系的民众思想中渗透，从而文明地、和谐地维护我国的国家形象，提升我国在国际舞台中的地位。

第三节　推动产业结构升级，促进发展方式转变

我国传统文化跨文化的对外传播，还可以促进我国文化产业的构建，促进我国经济结构的优化升级，加强我国供需结构改革，继而为我国拓宽更大的国内和国际贸易市场，促进我国经济的进一步发展。对于现代文明来说，第三产业的结构和比例在现代化建设中越来越重要，文化作为第三产业以及第一、第二产业的支柱性产业，可以极大地促进我国经济发展的模式，使文化产业成为我国经济结构中越来越重要的组成部分，从而促进我国的经济发展。在很多发达国家，文化产业非常强大，文化贸易所占比

例较高，从而成为宣传西方文化价值观和思想理念的主要手段之一。正如美国学者沃尔夫说道："文化、娱乐——而不是那些看上去更实在的汽车制造、钢铁、金融服务业——正在迅速成为新的全球经济增长的驱动轮。"所以现在很多发达国家都在积极发展自己的文化产业，以获取更多的经济收益。以美国的文化产业发展为例，美国在影视作品方面的对外输出非常强大，各种好莱坞影视作品都会成为每年的收视强档，漫威系列、变形金刚系列等各种美国影视作品层出不穷，并且在影视作品的技术上也是不断创新，像当年作为第一部 3D 电影《阿凡达》创造了影视界的收视传奇，而即将推出的《阿凡达 2》更是号称使用了"裸眼 3D"技术，让观众摆脱3D 眼镜的束缚和困扰。也正是技术上的不断创新，让文化输出更具吸引力和感染力，更是促进了文化产业的发展和经济的提升，也为文化周边产业带来了新的发展机遇和动力。

当前，我国已经成为全球的第二大经济体，但是在文化贸易方面，我国仍然属于文化输出弱国，并且"文化入超"的现象非常严重。我国虽然有上下五千年的文明历史，却在文化产业的发展方面，面临着巨大的"文化逆差"现象，可见我国的文化产业仍然处在非常弱小的状态。并且，我国产能过剩、经济增长速度放缓等也说明我国的经济结构需持续调整，而文化产业正是我国未来的发展重点，从国家的战略层面来提升各级政府、企业对文化产业建设和发展的重视度，让文化深入社会的各个领域，从而为我国社会和谐文明建设、国家经济发展带来新鲜血液。在促进经济结构调整的过程中，尤其是在当前国际经济形势下，我国加大了经济内循环的力度，期望能够实现经济内外双循环来促进我国经济发展。文化产业在我国经济结构中仍然没有体现出其应有的优势，在当前我国加大经济内循环的着力点调整下，在没有文化障碍的前提下，要积极地加大我国文化产业的发展，借助经济贸易行为来让中华民族的传统文化思想逐渐融入文化市场中，为我国传统文化的跨文化输出奠定良好的产业基础，也为我国经济发展提供新的转变方向和机遇。不仅如此，当前的世界格局风云变幻，经济发展下的国际分工也在悄无声息地发生着变化，这种国际贸易结构的变化，不仅给我国经济产业结构调整和创新提出了巨大的挑战，更为我国文化产业的发展带来了新的机遇和动力。在传统的国际贸易结构中，西方发达国家强势地行使着自己的文化霸权，在文化领域表现着文化"帝国主义"的特征，当前的国际文化贸易在新技术不断出现的当前，一直让西方发达国家占据了更大的国际文化市场份额，也推动了自己文化支柱产业的发展。调查显示，以美国为首的西方发达国家，文化贸易的比例占全球文化贸易的一半以上，文化产业和贸易的发展，出现了一百年前经济发展相似的一面，国际文化产业正在以一种集中化、垄断化的发展势头，在美国、德国、英国、法国等国家出现了超前发展并逐渐垄断国际文化市场的局面。

我国文化产业的发展，正如最初我国的经济发展一样，同样面临着巨大的压力，而且在当前的国际文化市场上仍然处在一个非常弱势、不平等竞争的地位。我国的统计显示，在我国的出口贸易中，文化贸易仍然是入超的局面，这与经济出超完全不匹配。所以我国要在坚持经济改革开放的发展进程中，通过文化输出的战略实施，来建立完善的文化产业，并且逐渐从国内市场向国际市场过渡，从而扩大我国文化输出的影响力，提高文化贸易的份额占比，为促进我国经济结构调整创新、提高国民经济发展而不懈努力。

第四节　赢得国际话语权，维护文化多样性

我国传统文化跨文化的对外传播，可以提升我国在全球范围内的影响

力，从而在国际舞台上赢得话语权和主动权，并且为维护世界文化多样性贡献力量。

对于一个国家来说，民族文化是民族精神凝聚和具象的体现，如果民族文化在文化全球化发展过程中逐渐被丢弃而消亡，说明这个民族的凝聚力和民族个性存在缺陷，这样的民族是可悲的，而且不会长久存在，更不会在国际舞台上拥有影响力和话语权。所以，我国坚持走传统文化跨文化传播的路线，可以有效地提升我国的文化软实力，从而在国际竞争中提升综合国力，扭转被污蔑、造谣的被动局面，在遵守世界文化结构规则的过程中获取正当性、普遍性的发言资格，从而真正展现一个国际大国形象，赢得国际话语权。

国际事务的话语权是对国际上各种事务的评价权和裁决权，以及对国际规则、国际法等国际规范的制定权。当前，随着我国经济实力的不断攀升，在国际关系的处理以及国际事务的抉择方面已经具备了一定的话语权，但与我国作为一个国际大国的地位不相匹配，国际事务的主要话语权仍然在西方国家手中。当然，在当前瞬息万变的国际形势上，西方话语权也受到了挑战和威胁，越来越多的话语权被新兴的国家所占有。在新的世界秩序变化过程中，我国要贡献中国理想图景，并且要从提升文化软实力的角度来加大我国文化输出，提高我国的文化影响力，从而让世界受众从内心对中国文化折服，对中国作为国际大国来主持国际事务所折服，只有这样才能弥补西方话语体系的不足，才能赢得更多的国际话语权。

此外，文化国际化的最终状态是文化多样化，所以文化多元性是世界文化自然发展的客观规律。我国传统文化跨文化传播，要尊重文化的异质性的客观规律，只有对其他文化本着尊重、包容、求同存异的思想和态度，才能够真正保持世界文化的多样性，推动人类文明的快速发展。世界文化思想长期被西方文化所霸凌，利益中心论、消费主义、价值虚无主义等让越来越多的青少年的思想价值观出现了偏差，各种现代思想病症日益严重。所以，很多国家对西方"后现代社会"的思想和"西方中心论"产生了质疑，并且开始倾向于世界文化多元化发展的理念。世界文化的多样性，是推动人类文明持续发展的动力，也是让人类文明在地球不断延续的根本所在。每个民族的文化正是与该民族的思想秉性、地域影响等息息相关，每个文明都拥有自己的精神和人文传承。正如美国人类学家博克所说："多样性的价值不仅在于丰富了我们的社会生活，而且在于为社会的更新和适应性变化提供了资源。"所以维护世界文化多样性是人类文明发展过程中必须要坚持的，对于任何一种文化企图霸凌、侵蚀和消亡其他文化的想法和做法都是应该坚决摒弃的，我们要不断地警惕文化侵蚀的现象，坚决维护世界文化的多样性。

但就目前的人类文明发展过程中的世界文化多样性现状并不令人满意，从语言方面来说，英语成为全世界范围内使用最为广泛的语言，这也使得越来越多的民族放弃了自己原有的母语而将英语作为母语，从而使得自己民族的文化传承和精神展现遭到了侵蚀和破坏。当前，世界上民众使用的英语语言的数量非常大，但是随着经济全球化的发展，民族语言体系遭到了无情的破坏，随着英语的广泛应用和普及，世界上超过3000种语言正在逐渐消亡，这也就意味着越来越多的民族文化传承将出现断层或曲解的现象，文化多样性正遭受着前所未有的破坏。以美国为首的西方发达国家，长期以经济利益为首要目标，对于非西方国家的文化肆意践踏和破坏，联合国教科文组织曾一度坚持对世界文化多样性的保护，倡导各个国家维护自己的民族文化、推动世界文化多元化发展，但是由于美国等发达国家放弃自己应有的大国责任，甚至又退出联合国教科文组织，可见其在世界文化多元化保护方面是持不支持的意见。

由于西方国家的文化侵蚀，导致全世界范围内的文化产品出现了严重的单一化，越来越多的"文化基因"逐渐消亡，这对于人类文明的发展来说，无疑是致命的打击。为了维护世界文化多样性，联合国教科文组织在

2001 年通过了《世界文化多样性宣言》，期望能够在不同的时代、不同的地区，保持各种不同的表现形式，维护人类各群体和各社会的独特性及其全部独特性所构成的多样化，并且积极倡导文化多元化和谐共存，相互促进、相互发展。2005 年，联合国教科文组织又通过了《保护和促进文化表现形式多样性公约》，我国作为一个国际大国，积极加入了该公约，并且始终坚持为维护世界文化多元化发展贡献中国力量。所以，我国传统文化跨文化传播，不仅能够为我国赢得更多的世界话语权，而且能够让世界各国人民看到中国作为一个和平崛起的大国应尽的责任和义务，为维护世界文化多样性，我国将不断地努力，从而促进全世界范围内不同文明、不同文化体系、不同社会制度下的国家平等交流、相互学习，最终相互包容、和谐共存，当然，这也正是我国传统文化思想的价值体现。

第四章　跨文化传播视角下中国传统文化
走向世界的目标分析

第一节　中国传统文化走向世界的目标确立

　　文化是一个国家和民族的思想精髓的凝聚，也是一个国家和民族强大的软实力的象征。我国的传统文化，是中华民族上下五千年的思想结晶，更是中华民族不断发展过程中的经验凝聚。让不同文化体系下的全世界民众都能够了解中国传统文化，接受中国传统文化，并在人类的发展过程中受中华传统文化思想的熏陶影响和推动全世界的发展，这也是我国传统文化跨越不同的文化体系向世界传播的理想。

一、中国传统文化走向世界的目标确立依据

　　随着人类文明的不断发展，各个国家的政治和经济交流越来越频繁，俨然形成了一种全球化的局势，全世界的人类发展交织在一起形成了一个命运和利益的共同体。在当前全球化的现代文化下，文化已经成为构建世界政治局势和意识形态的新动力，在全世界范围内，文化不断地与政治、经济纵横交错形成了一种全新的发展舞台，相对于人类之前的其他任何时

期，文化所产生的作用都要重要。在这样的背景下，各个国家或地区的文化交流越来越频繁，规模和速度也空前强大，已经呈现出了一种相互融合、相互影响的文化全球化的趋势，这为我国传统文化在不同文化体系下全世界范围内传播提供了新的契机。

第一，文化力量主导国际地位的作用逐渐突出。军事力量一直是主导国际地位的主要因素，长期以来的大部分时间，军事强国往往能够在国际中具有强大的话语权，并且很多政治家忽略了文化实力在国际竞争中呈现出的作用，认为只有军事实力强大的国家才能经受得住国际形势的考验。虽然，在一些国际政治斗争中，文化较量也出现过，但是往往被认为是隐于政治和军事之后的辅助因素，起到软化对方思想、服务于政治渗透或军事征服的作用。但是随着"冷战"的结束，虽然全世界范围内发生过局部战争，但是整体上看全世界的发展仍然是和平发展，而世界大国的国际地位不仅仅是拥有强大的军事力量就能决定的，强大的文化软实力所呈现出的主导作用也越来越明显。对于一个国际大国来说，国家文化已经成为综合国力不可或缺的固有成分，能够为国家政治策略、军事行动等硬实力的展示和行为起到保障和促进作用，并且直接影响着国际地位的竞争力。尤其是当前文化空前繁荣、交流规模和速度也空前强大，一个国家的固有文化的主导作用也逐渐显现，逐渐成为竞争国际话语权的重要组成部分，成为国家之间的政治斗争和意识形态较量的新阵地。

第二，文化外交成为全新的外交方式。随着时代的变迁，文化外交已经成为全新的外交方式，尤其是在"冷战"结束之后，新的世界格局逐渐稳定，文化外交成为展示自己"软实力"的重要方式之一，也是获取他国信任和折服的主要竞争手段。与传统的跨文化人际和组织的文化传播交流方式不同，文化外交实现了跨国家的文化交流，增加了国与国之间的沟通与交流，同样也是展示自己综合国力的方式之一。由于跨国家之间的文化交流，让文化沟通变得不再单纯，增加了更多的政治意味在里面，并且与传统武力军事为基础的政治外交不同，文化外交成为展示自身优势和综合国力的方式，更容易让对手折服，如果一个国家的文化外交不能在国际形势中占据有利的竞争地位，那么将会容易让自己的政治形态逐渐流失，国际竞争中的主动权也会逐渐流失，甚至是国家文化主权也会被其他国家侵蚀而被逐渐丢弃。所以，就当前的国际形势来看，越来越多的国家将国家文化发展和传播提升到国家战略的层面，并且将其作为实现国家自身发展和对外竞争的有力手段，让文化与政治的结合越来越紧密。正如著名社会学家罗兰·罗伯森所言："在传播全球化的今天，所有的国际政治活动都是文化性的，我们处在一个全球范围内文化政治的时期，文化对于国际政治的重要影响愈来愈突出。"所以，国家文化的地位越来越多，已经上升到国家战略发展的层面，其强势发展增加了更多的政治意图，为国家的发展和权力的增强增添了很多的道义基础，最终形成了"文化外交"。目前，很多西方国家已经将文化外交作为本国的战略选择，也促进了全世界范围内文化的传播与交流。以美国为例，美国将政治、经济、军事、文化作为其外交的四大维度，将教育、文化事务作为当前常用的外交手段来开展国家外交事务。同样地，德国、法国等西方发达国家也都将文化与自己的政治、经济贸易、军事等进行结合，并将其融入国家外交战略方针和手段中开展自己的外交工作。我国具有五千年的优秀文化，也要在当前国际形势下逐渐发展自己的文化外交，并且将其构建为我国的支柱性工作，通过文化交流和传播，来促进我国软实力的发展，增强我国的国际地位和事务话语权。

第三，文化交流的全球化发展。几次工业革命让全世界的经济发展紧密地联系在一起，人们的经济、军事、政治的交流越来越频繁，"地球村"的概念已经在全世界的人们心中留下了深刻的印象。随着时代的发展，全世界范围内的各个民族和国家，文化交流也逐渐频繁并深入，这不仅是和平年代文化繁荣的结果，更是以互联网为基础构建的全球范围内信息交流网络成为文化交流和传播的新工具带来的新成效。国际著名学者马歇尔·麦克卢汉以文化传播工具将人类文明史划分为三个时代，分别是口头传播时代、文字传播时代和电子传播时代。口口相传是人类史前文明的文化传播途径，碍于人类的活动范围和寿命，文化传播的范围和效果十分有限，而由于文字的发明让人们进入了文字传播时代，借助于传播媒介文化传播实现了不同时空的传播，特别是印刷术的发明更是加深了文字传播时代文化传播的范围和效应。互联网的出现，极大地压缩了不同文化之间的距离，让人类文明进入了文化电子传播时代，整个世界联系在一起，整个时空联系在一起，不同民族和文化背景、不同地区和时区的人们都可以借助互联网构建的信息交流平台来进行文化沟通和交流。所以，传播工具对于文化传播的重要性可见一斑。早在20世纪，各个国家都积极构建自己国家的信息高速公路，期望通过信息技术来提高文化传播的效率和效果，进入21世纪以来，互联网络和无线通信网络技术的快速发展，更是为文化交流提供了新的交流工具，开辟了文化传播的新途径。尤其是当前信息能力的高速发展，交通能力的空前强大，更是为文化交流奠定了传播基础，文化全球化已经成为当前人类文明进一步发展的里程碑。以计算机、互联网、各种新媒体软件等构建的文化交流平台，突破了传统意义上的文化传播障碍，让不同国家、不同时区、不同文化体系的全世界范围内的民众都能够全方位、立体化、个性化地选择自己感兴趣的文化，并且在全世界范围内进行文化交流和沟通。可以说信息技术打破了文化交流与传播的瓶颈，也为促进信息时代的文化繁荣，文化全球化成为可能，并做出了不可磨灭的贡献。当前的文化传播，是之前任何一个时代都不可比拟的，蒂姆·奥沙利文对这一空前繁荣的文化交流进行这样评价："这一进程的核心在于传播技术和媒介网络的出现，它们使世界范围的交易、旅行与互动变得更快、更密集、更相互依赖。"所以，新的信息传播工具让全世界范围内的文化交流速度更快、密度更高、关联性更强，文化全球化已经成为当前世界人类文明史发展的新的里程碑。

第四，不同文化的冲突与融合已经成为常态。随着人类历史的不断推进，原本存在地域局限的不同国家和地区之间的交流也越来越频繁，而原本地域限制造就的不同文化文明，势必也会在交流和沟通中，不断地产生冲突而后进行融合，形成新的融合文明或者替代其他的文化文明。当前，政治意识形态和经济差异化造成的国际冲突越来越少，而文化因素所引起的文明冲突逐渐成为世界新格局下国际冲突的主要组成部分。在很长一段时间内，文化冲突不断、多元化的文化交流成为人类文化文明史发展的必然趋势，并且文化冲突和融合所造成的文化发展是全方位的，不仅有各个民族、国家之间的文化冲突，更有传统文化与现代文明的冲突。所以，提高自身国家软实力，促进本国文化发展且在国际地位上立于不败之地是每个国家、每个民众的责任和义务，并且是每个民族生死存亡的前提。在这样的文化冲突和融合背景下，只有坚持自己的文化底蕴，提高自己优秀文化的认知层次和传播视域，突破狭隘的民族思想狭隘性和国家地区的区域障碍，持有开放的态度和眼光站在文化制高点来吸收消化优秀文化元素，才能够真正让自己的文化文明更富有现代文明的价值和意义，才能真正促进人类文明更上一层楼。我国作为社会主义国家的一员，也是唯一一个文明古国仍然活跃在国际领导地位的国家，中国有责任、有义务来重视自己国家和民族的文化交流和发展，并且以开放的态度和发展的眼光去正视不同文化的冲突与融合，只有这样才能让我国的经济发展更上一个新的台阶，让我国优秀的传统文化思想在国际上更具影响力和传播力，从而真正实现人类文明的进步与发展。

二、中国传统文化走向世界的目标的确立

中国传统文化走向世界的目标，要从国家战略的角度出发，以当前复

杂多变的国际形势为基础，以我国当前在国际中的政治、经济、军事等综合因素作为影响因素，从多个维度出发来制定中国传统文化走向全世界的战略目标及相关策略等。中国传统文化走向全世界，不同于传统的文化交流——本身具有更强的政治目的，所以明确我国传统文化在不同文化体系下向全世界范围内的传播，设定战略目标是第一步，也是关键一步。虽然说将文化传播提升到国家的战略层最终的目标仍然是以维护国家的根本利益为出发点，但是在不同国家性质中由于国家战略目标的不同，文化传播的目标也会存在差异性。一般来说，文化交流战略对于国家的文化意识形态以及市场经济效益都具有非常重大的意义，从社会意识形态上看，文化输出让输出国的私有理念的文化逐渐被国际社会所认可，形成一种共有意识和观念，可以让国外民众的情感和认知更加具有专注性，无论是在情感角度还是在理性分析方面都会对文化输出国具有一定的倾向性，使得文化输出国的文化效应良好，从经济效益方面来说，文化在以市场商品为载体的基础上，通过文化对受众的心理和情感影响来让商品占据更大的市场份额，进而提高商业利益。

对于中国来说，文化输出的战略目标是增强其他文化体系下的民众对我国传统文化以及现代社会主义文化价值观的认识和了解，尽量消除由于当前复杂的国际形势和西方媒体不实言论造成的国外民众对中国的误解。从而为中国在国际舞台上争取更多话语权，让中国逐渐发展的国际形势更加良好，为经济健康发展奠定良好的基础。正如英格丽·德·胡克所说，中国文化博大精深，中国力求通过文化来实现强国梦，并且将文化传播提升到国家战略层面，希望通过传播中国文化来让国际上更多的国家对中国有正确的认识和了解，能够对社会主义政治理解和认可，并且能够借助传统文化的思想认识到中国不会欺凌、霸凌任何其他国家，而是期望能够通过和平共处的态度和合作的思想稳定发展和崛起，同时借助文化传播能够展现中国的软实力，让中国这个古老而又充满了现代活力的国家能够在国际上展现自己的大国责任，从而赢得国际上其他国家的尊重，树立自己的大国形象。所以，中国传统文化在不同文化体系下向全世界传播，是以传统文化为基础，挖掘并传承优秀文化，同时实现传统文化的现代意义和价值，最终形成中国现代的核心价值观，而向不同文化体系的全世界传播则更是以维护自身国家安全和形象、提高中国国际地位和话语权、促进世界人类文明发展和繁荣为主要目标。所以，对于我国传统文化走向全世界的战略目标确立，可以从以下两个方面来诠释：第一，中国传统文化对人类文明史的贡献和影响。中国传统文化是中华民族的精神和价值观的具体体现，是中国人民传承和发展的主要核心，借助传统文化对不同文化体系的民众的影响力，可以让世界民众更好地了解中华民族思想、认识中国人民美好愿望，也为中国在国际地位和话语权的提升奠定良好的基础。第二，中国传统文化提升中国的国际形象和话语权。中国传统文化走出去并且与不同文化进行交流融合，不仅对中国传统文化来说能够吸收和优化中国文化，而且能够对全世界的文化做出贡献，为丰富他国文化、促进双方合作与发展奠定了良好基础，受中国传统文化的思想，他国民众和领导人能够认识到中国爱好和平的愿望，愿意与中国进行多方合作，愿意支持中国，让中国能够在国际地位上具有更高的地位和话语权，对于中国来说，增加了更多合作机会的同时，也能够在国际舞台上展现自己的大国担当，为全世界的发展起到极大的促进作用。

第二节　实现传统文化走向世界目标的文化传播内容

能够在国际上树立并保持地位的往往取决于国家的军事力量和文化力量，但是前者的保持时限往往不如文化力量。正如拿破仑所说："世上只有两种力量：利剑和思想。从长远看，利剑总是败给思想。"所以，一个国家如果想在国际舞台上保持长久的话语权，就必须不断地挖掘并总结自己国家的优秀文化，提升自己国家的文化在国际上的影响力，只有这样才能形成自己的独特文化，从而提高在国际舞台上的影响力。作为一个上下五千年的文明古国，我国文化底蕴雄厚，经过长期的文化积累、沉淀与传承，中华民族具有非常优异的思想和民族观念。在过去很长的时间内，中华民族都以独特的民族特质和精神风貌呈现在世界各个国家和民族面前，并且表现出不俗的思想和精神，赢得了世人的尊重。一代一代的传承让中华民族面对困难更具有民族韧性，文化思想也越来越精练和优秀，其指导着中华民族不断地向前发展，也让中国传统文化能够与时俱进地升华和沉淀。正如马克思所说："人们自己创造自己的历史，但是他们并不是随心所欲地创造，并不是在他们自己选定的条件下创造，而是在直接碰到的、既定的、从过去承继下来的条件下创造。"所以让中国传统文化走向世界是将中华民族优秀的文化思想向世界传播，让特色的社会主义文化价值观向世界传播。

一、传统文化走向世界的基本内涵

中国传统文化走向世界，是将我国文化传播提升到国家战略的高度，作为我国整体战略的发展部分，在与国外的文化上形成传播、交流和创新，从而不断提高加强不同文化体系下全世界范围内的民众对中国传统文化的了解和认知，提高中国在国际舞台上的影响力和话语权，并且在进一步提升我国软实力的基础上，扩大文化传播在政治、经济、军事等多方面的合作。

中国传统文化是中华民族上下五千年的文化精华和思想结晶，在文化内涵上具有非常丰富的层次，一般来说处于表面的是物质文化，也是人们能够亲眼看到或者亲身体会到的具象文化代表，第二个层次为制度行为文化，是人们长期处在中国传统文化熏陶下所形成的行为约束性文化，需要外在环境不断影响、不断训练而形成的做事准则，最为核心的文化内涵则是精神心理文化，是每个中华民族儿女从出生到死亡都一直在不断熏陶、执行并影响其他人的思想价值观，也是中国传统文化最为精华的部分。所以，对于传统文化走向世界来说，需要有分析、有选择、有挖掘、有创新地对传统文化进行有效传播。在对中国传统文化的传播内容方面，并非单纯地以中国传统文化为全部内容进行传播，而是基于优秀的传统文化为基础，有选择地挖掘出其中能够古为今用的最精华的思想价值观和理念的具有现代价值部分，以及基于这些传统文化所衍生出来的现代文化衍生品，例如基于中国传统文化优秀思想形成的中国特色社会主义核心价值观体系以及中国在治理国家过程中所积累的方案、策略以及问题解决过程等宝贵经验等。后两部分属于中国传统文化的思想在当代中国的衍生，核心价值观仍然与传统文化核心的精神心理文化一致，所以本书将其纳入传统文化的概念中。图4-1为中国传统文化走向世界的基本内涵结构图。

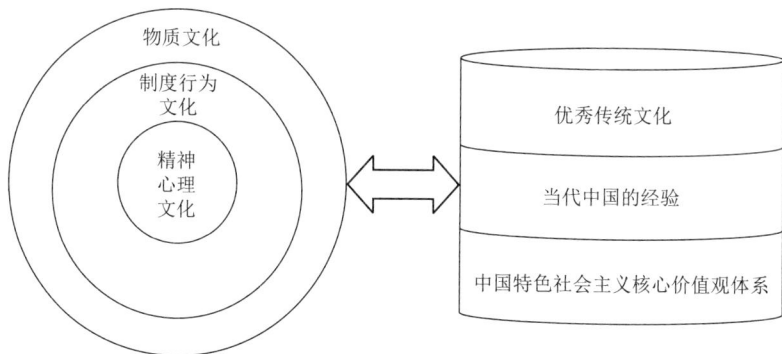

图4-1 中国传统文化走向世界的基本内涵结构图

资料来源：笔者自绘。

二、传统文化走向世界的传播主体与传播形式

我国传统文化走向世界，传播主体是主要的实施对象，传播形式是主要的途径，两者对于传统文化向不同文化体系全世界范围内的传播尤为重要。从整体上看，中国传统文化的传播主体包含了政府、企业、民间组织，传播形式大致可以分为四个部分，分别是对外文化宣传、对外文化交流、对外文化贸易和对外文化外交。基于不同的传播主体和传播形式，我国需要构建全方位、多层次、多渠道的传统文化走向世界的传播方案，为促进我国文化繁荣、提高中国软实力和国际形象奠定良好的基础。

1. 传统文化走向世界的传播主体

我国传统文化走向世界的传播主体，大致可以从政策主导层面、市场经济引导以及民间组织自发实施层面分为三个主体，分别是政府部门、企业以及民间组织，不同的实施主体从侧重的传播面以及选择的实施方式和策略上都不尽相同。

首先，政府部门代表国家，以其为传播主体实施的文化传播的影响力更大、传播范围和效应更为广泛，尤其是以我国领导人亲自参与和主持的文化宣传活动，其对内、对外等文化传播效应更为热烈，往往会被作为重点的文化宣传工作在全国乃至全球范围内进行宣传和报道。政府部门的文化传播活动，往往站位高、覆盖广、时效长、主体突出等，同时往往从国家战略的角度出发来实现文化的传播效应，所以以政府为主体的文化传播往往能够体现出集群效应，造成的影响和深度也更为广泛。其次，在市场引导下的企业行为，包含了以文化贸易为核心的经济行为以及以其他产品为核心的经济行为所带来的文化效应等，例如华为公司在产品的命名上就极具中华传统文化特色和底蕴，鸿蒙手机操作系统，鲲鹏服务器处理器、麒麟手机处理器等，这些命名将会随着华为公司在全球业务的不断推进和

华为产品的影响而逐渐将中国特色文化向全世界进行传播。以企业为代表的传播主体自身往往需要遵循市场经济规律，而且文化贸易往往需要依赖于成熟的文化产业支柱，只有这样才能够基于企业实现中国传统文化的对外输出和传播。最后，民间组织的自发行为，例如民间组织的很多对外文化交流活动，大都是热心推崇中华民族文化的华人华侨以及经商人事心系祖国并且积极为民间文化交流活动牵线搭桥、出资出力，这样的民间组织目的性比较单纯，造成的影响效果反而比较深刻，但是在传播范围上非常有限。

2. 传统文化走向世界的传播形式

第一，对外文化宣传。文化宣传是我国传统文化走向世界的主要形式之一，在传播内容和影响力上具有非常独到的特性。一般来说，对外文化宣传可以细分为宣传和报道两个方面，其中宣传往往是指官方的对外信息传播、思想、信仰诠释和表达的渠道，更加强调主观意识，往往会带有鲜明的立场和明确的观点，正如传播学奠基人拉斯韦尔所言："宣传关注的是通过直接操纵社会暗示，而不是通过改变环境中或有机体中的其他条件，来控制舆论和态度。"所以宣传是一种主动干预、主动影响的以自我为主的传播方式。面对当前复杂的国际形势，我们要精选最想告诉国外人士的内容，精选国外人士最为关注的内容，要有针对性、说理性地对中国的基本情况和核心价值观进行宣传。而报道则是以大众媒介来传播新闻、观点等，往往会强调客观性，更加注重信息的客观现象，在思想上也是保持中立性。在对中国基本情况的报道方面，我国要对重点的突发事件、国际关心的重大事件等进行及时报道，并且做好客观、中立的工作，用事实说话，让不实宣传不攻自破。值得说明的是，对外文化宣传不能强行把宣传和报道分开，两者需要在文化传播过程中相辅相成，相互弥补，要做到宣传中有报道、报道中有宣传，要按照国外受众的接受心理特征和习惯及国际惯例来有针对性地、有选择地进行选题和报道，从而提高我国对外宣传的公信度和权威度，提升中国传统文化对外传播的有效性。

第二，对外文化交流。对外文化交流往往是不同文化背景下的组织或主体之间，特别是由于国家和地区的限制而形成的两种不同的文化主体的组织之间本着相互交流沟通、彼此借鉴吸收而不断发展的目标开展的以文化为核心的来往活动。我国开展的对外文化交流活动非常多，尤其是21世纪以来我国经济的快速发展促进了各种对外文化交流活动，例如双边合作机制，中欧、上合等多边人文合作机制，"一带一路"文化合作交流等，这些都极大地丰富了对外文化交流的形式和内涵，让中国传统文化对外交流有了更多的机会和选择。

第三，对外文化贸易。在当前世界的整体局势发展下，文化贸易在全球贸易范围中所占比例越来越高，对于国际贸易的竞争以及产生的影响也越来越重要。对外文化贸易一般是国与国之间以文化为核心的贸易出口进口的方式，一方向另一方提供文化产品或文化服务的过程。对于出口方来说，对外文化贸易就形成了文化对进口国的输出和传播，也会随着文化贸易的开展对进口国的民众、企业等产生影响。尤其是当前，我国大力开展"一带一路"的发展倡议，为我国经济、文化等在"一带一路"沿线国家提供了更多的合作机会，是实现对外文化贸易的基础，也为我国传统文化对外传播提供了一个有效的渠道和平台。

第四，对外文化外交。外交是一个国家对外关系的总和，也是对外宣誓、行使主权的方式之一。对外文化外交是区别于军事、政治外交的全新外交方式，也是展示我国"软实力"的外交手段。对外文化外交依附于文化传播、交流与沟通，将主权国家的政治意图融合其中的外交手段。在当前全球范围内以和平发展为主旋律的背景下，文化外交成为最主要的外交手段，最能够体现出以谈判、沟通的和平手段来行使主权的外交方式，而且能够在长期的传播和影响下，让对手从内心折服，更能够体现出一个大国在国际舞台上的担当。

三、传统文化走向世界的传播内容

1. 具有丰富普世价值内涵的优秀传统文化

我国具有上下五千年的文明历史，中华民族在历史的车轮下不断斗争、不断进取，在对待人、物、事、自然等都形成了独特的心理思维方式、价值体系，与其他文化相比，犹如一颗东方明珠向世界展示着它的光辉。并且，中华民族自古以来就是一个开放的民族，只要是能够为我所用的优秀文化和思想，都能够积极地吸纳和运用，所以自古至今，中华民族传统文化形成了非常多的核心思想价值观，在中华民族的历史长河中影响深远，即便到现代，这些核心思想价值观也影响着中华儿女在为人处世、治理国家、外交相处等诸多方面的行为，并以此为核心形成了优秀的现代文明价值观。

第一，尊敬自然的思想观念。以自然为本、憧憬自然、尊敬自然是我国传统文化的思想价值观，出于对自然的敬畏和尊重，中华民族很多时候都会注重天人合一的观念。"人与万物皆生于仁，本是一体。故人合下生来，便能爱，便是亲亲，由亲亲而推之，便能仁民，便能爱物。天地以生物为心，人亦以生物为心，本来之心，便是仁，本来的人，便是仁。"这种尊敬自然规律、天人合一的思想境界让中华民族能够在任何时候都会尊重人与自然的和谐发展，这也是我国当前"科学发展观""两山理论"等现代治国经验的思想来源。

第二，永不屈服的精神力量。中华民族虽然尊敬自然、遵守大自然的发展规律，但是在面对灾难、面对大自然造成的困境时，仍然表现出自强不息、永不屈服的精神力量。"大禹治水""愚公移山"在中国是家喻户晓的人类不屈服于自然的故事，"天行健，君子以自强不息"是每个中国人耳熟能详的激励名言。所以，中华民族在面对自然困境的时候不会像西方人那样躲在"诺亚方舟"中，从骨子里就呈现出一种永不屈服的精神，也正是这种精神力量让中华民族经历了五千年的文明发展史，至今仍然活跃在世界中。

第三，贵和尚中的和谐思想。"和"和"中"是中华民族非常推崇的两个和谐思想，其中"和"是和谐、和睦的概念，是中华民族强调"以和为贵"的和合观念，"中"则讲求恰到好处、不偏不倚的状态，是"中庸"思想的精华和凝聚。中华民族具有非常独特的精神和气质，贵和尚中也是中华民族经过漫长的历史时期所总结出来的发展经验，更是中华民族在众多文化下展示博大胸襟、有容乃大地吸收万家文化的气魄和能力。"和也者，天下之达道也，致中和，天地位焉，万物育焉。"所以，中华民族贵和尚中的和谐思想，正是体现了我国在不同中求发展，在发展中求和谐的思想价值观。

第四，以人为本的固国理念。中华民族认为"人"是固国之本，"天地之性人为贵""天地之问，莫贵于人"是体现"民惟邦本"的民本思想。孟子有言："民为贵，社稷次之，君为轻，是故得乎丘民而为天子。"所以在我国，以人为本的理念无论在治国过程中还是在中国特色社会主义价值观中都有所体现。中华民族的民本思想是发展的核心，我国抗日战争、解放战争正是靠着广大民众基础才能让解放军攻无不胜、战无不克，也正是以人文本的治国理念，我国在社会主义发展阶段更加注重广大人民的根本利益，才能让广大民众具有更大的凝聚力和组织力。

第五，天下大同的崇高目标。天下大同是我国传统文化中社会发展的理想追求，正如《礼记·礼运》记载："大道之行也，天下为公。选贤与能，讲信修睦。故人不独亲其亲，不独子其子，使老有所终，壮有所用，幼有所长，鳏寡孤独废疾者皆有所养。男有分，女有归。货恶其弃于地也，不必藏于己；力恶其不出于身也，不必为己。是故谋闭而不兴，盗窃乱贼而不作，故外户而不闭。是谓大同。"所以，天下大同是中国传统文化中展现的"乌托邦"，也是中国共产主义的奋斗目标。正如《诗经》所言："民亦劳止，汔可小康。"所以，我国自古就有在人类理想上展现了高超的智慧，以独特的理想展现了我国在人类发展史上特有的价值观。与此同时，天下大同的思想不仅是思想上的"乌托邦"，展示了中华民族在人类发展史中的思维方式和价值取向，更展示了中华民族强大的生命力、民族发展向心力和凝聚力，中华民族为了世界文明秩序的维护和世界和平发展都在不断地做出自己的贡献。

2. 独具传播魅力的中国特色社会主义文化

中国特色社会主义文化是以中国传统思想为基石的具有现代意识和价值的特色中国文化，自中华人民共和国成立以来，形成了具有传播魅力的中国特色社会主义文化，例如中国特色社会主义的共同理想、爱国精神、改革创新的时代精神以及以社会主义荣辱观为主要内容的社会主义当代文化和以富强、民主、文明、和谐、自由、平等、公正、法治、爱国、敬业、诚信、友善为基本价值的核心价值观，这些都是传统文化思想进行转变、创新的新时代的中国特色社会主义文化。中国特色社会主义文化形成"和谐和平的外交政策""改革开放的发展思想""反贫困的理论体系和实践经验"等，这些特色文化具有很大的吸引力，对于西方很多国家在寻求新的社会制度以及很多发展中国家来说具有很强的借鉴意义。

第一，和谐和平的外交政策。自中华人民共和国成立伊始，我国就将坚持和平外交、不干涉他国内政作为我国的基本外交政策，这在当前和平发展的世界主旋律下，为其他国家在应对国际事务、处理国际争端上提供了可参考的方案。人类文明只有在和平的状态下才能够稳定快速地发展，任何武力争端势必会对已有的文明和经济成果造成严重的破坏，并且武力争端并不能真正解决所有问题，尤其是面对各种霸权问题、冲突问题等只有平等对话、和平外交才是当今世界发展的主流。

第二，改革开放的发展思想。1978 年对于中国来说，是一个特殊的年份，更是掀起中国发展热潮、展现中华民族强大生产力和创新力的里程碑。当前的结果说明，经过 40 年的发展，中华民族创造了人类奇迹，一跃成为世界第二大经济体。改革开放是我国实践"民惟邦本"的民本思想的具体行动，极大地提高了中国人民的生活质量和水平，我国也在发展和应对各种经济社会发展难题的过程中，积累了非常宝贵的经验，这对于全世界来说都是有巨大价值的。改革开放调动、激发了中华民族的创造性，调动了亿万民众的积极性，在中国共产党的正确领导下，中华民族每个民众都在不断地尝试、不断地摸索、不断地按照"实践出真知"的辩证唯物主义理论来反复实践、反复修改而后再反复实践。中国改革开放由外到内稳步推进，从局部到整体，从经济到文化领域，不断地改革创新让中国在短短 40 年里成为在政治、经济、军事、文化等多方面都能够走在世界前列的国家。

第三，反贫困的理论体系和实践经验。反贫困是一个世界性的难题，我国在反贫困问题上为世界做出了巨大贡献，尤其是当前新冠肺炎疫情影响仍在、全球经济萎靡不振的背景下，中国仍然保持着经济增长，这对全世界经济发展来说，具有非常重要的意义。在过去的 40 年里，中国让 4 亿多人摆脱了贫困，让中国稳步向小康社会迈进，而在反贫困问题中，中国为世界发展难题贡献了中国反贫困的理论体系和实践经验。在反贫困问题上，我国"输血与造血"相结合的理论体系，在政府主导下，通过市场运作、社会联动、项目推进等方式，让人民不断地富裕起来，而"异地脱贫""产业脱贫""下山脱贫"更是中国在反贫困中的丰富经验。这些方案和经验都是值得很多贫困国家借鉴和学习的，也是传播独特的中国社会主义文化的魅力点之一。

第三节　中国传统文化走向世界目标的实现价值

在当前国际形势和世界格局下，某个国家单纯依靠政治和军事力量等"硬实力"来赢得国际地位和话语权已经不太现实，通过国家文化来展示本国的"软实力"更能够赢得他国的支持和信任，所以文化竞争在国际舞台的竞争中显现出越来越重要的地位。我国本着实现中华民族伟大复兴的目标，为了能够维护更加良好的国际形象，在国际舞台上争取更大的话语权，要将对外文化提升到国家战略的层面，通过将中国传统文化向全世界不同民族区域传播来不断地激发我国民众对传统文化的文化自信，让全世界其他文化体系的民众对我国有更加深刻全面的了解和认识，有效提升我国传统文化对外的影响效应，从而借助我国"软实力"的展现，有效地为我国社会主义发展打造一个稳定和谐的外部环境。

一、有利于激发我国民众的文化自信

文化自信是我们对我国传统文化的信任，更是对我国传统文化的尊敬，也是我国传统文化走向世界的战略基础之一。对外文化不仅能够让其他文化体系下的民众了解我国传统文化，而且有利于激发我国民众的文化自信，坚定我国传统文化的对外传播。

第一，我国传统文化走向世界可以让其他文化体系下的不同层次的民众对中国传统文化进行了解和学习，尤其是对想深入了解和学习中国文化的他国民众提供了平台和窗口。中国传统文化在国外传播的过程中，势必会提高对他国民众的影响力，引起"中国传统文化热潮"，例如中国春节已经在全球产生了影响，其他国家的民众也会在中国春节时加入庆祝的队伍，与当地中国人一同庆祝这一欢乐的节日。这样的影响力会大大增强每一个中华儿女的民族自豪感和文化自信心，激发我国民众更加热爱传统文化，并且积极地加入到宣传和介绍中国文化的队伍中来，极大地促进了中国传统文化在不同文化体系的传播和影响力。

第二，由于西方经济的强大，西方文化在全世界范围内盛行，例如圣诞节、万圣节等都已经成为全世界的节日，这种文化霸权对于我国优秀的传统文化来说是一种侵蚀和挑战，如果我国不警惕，将会引起中华民族的文化危机。在中国传统文化的传播过程中，可以引起我国民众对传统文化的忧患意识，警醒到中国传统文化正在逐渐流失，从而激发更多的中国民众去保护我国的传统文化，推动我国的传统文化走向全世界。

二、有利于国外更加全面地理解和认识中国传统文化

对于不同的文化体系的民众来说，面对不同的文化如果是相互排斥，势必会引起冲突，只有相互交流、相互容纳和吸收才能在不同文化体系下不断传播并产生影响。中国传统文化走向全世界，可以让不同文化体系下的国外民众全面地了解和认识中国传统文化，积极地推动中国传统文化走向全世界，向国外民众宣传中国传统文化的核心价值观，阐释中国和平发展和外交政策，介绍中国传统文化中"以和为贵"的民族思想以及"和谐共处、和平发展"的认知观，向全世界展示着优秀的中国传统思想，从而改变西方民众对中国固有的观念和僵化印象，让更多的民众借助中国传统文化更好地了解中国，以消除文化上、心理上对中国和平崛起和发展的误解和偏差，这对于西方传播威胁言论是一种不攻自破的最佳途径，也是中国依托传统文化树立国际形象，赢得他国尊重和信任、赢得国际地位和话语权的有效途径。

三、有利于扩大中国传统文化的外部影响力

根据跨文化交流学者的认知，只有在充分了解对象的前提下才能够对其产生客观评价，所以在当前多元文化交流和融合的背景下，扩大我国传统文化在全世界范围内不同文化体系下的传播，将会促进他国民众对本国文化的了解和认识，也为他国民众积极客观评价提供了前提条件，而深入了解和认识以及积极客观的评价是我国传统文化在不同文化体系下的民众产生文化影响力的重要表现。通过我国传统文化的对外传播，能够让全世界的民众近距离地了解中国传统文化、熟悉和接受中国文化，从而实现不同文化体系下的民众的影响力，并逐渐在其他领域产生更大范围的影响。英国学者安东尼·帕伦斯爵士认为，如果一个人喜欢他国的语言和文学，势必会喜欢这个国家的城市、艺术和民众，并且在想接近的影响因素下，也会主动购买喜欢国家的产品，并且会支持它做的所有正确事情，对所犯的错误也会赞成采用从轻惩罚的观点。由此可见，文化传播下带来的爱屋及乌的影响可以提升更多受众对该国更大的影响力，这对维护国家形象、赢得其他国家民众的支持和好感、促进其他领域的影响来说具有非常重要的意义。作为一个具有五千年文明历史的国家，中华民族的传统文化倡导的和平共处、共享发展的思想将会在全世界范围内不同民族体系下产生影响力，也会消除不实宣传对他国民众造成的认知偏差，从而为我国和平崛起、赢得国际地位和话语权、促进我国其他领域的高速发展具有非常重要的现实意义。

第五章　跨文化传播视角下中国传统文化走向世界的实施主体

　　中国传统文化的跨文化传播，本身就是一个综合性、系统性的庞大工程，需要构建一个完善的实施主体架构，汇总政府、企业、民间组织或个人以及其他等一切可以调用的力量，彼此相互扶持相互配合，从而形成一种多元化实施主体构成、全民参与文化传播的全新格局。为了有效保障我国传统文化在不同文化体系下的对外传播，2013 年中国共产党召开了十八届三中全会，其中对我国文化对外输出做出了指示，要求"提高文化的对外开放水平。坚持政府主导、企业主体、市场运作、社会参与，扩大对外文化交流，加强国际传播能力和对外话语体系建设，推动中华文化走向世界。理顺内宣外宣体制，支持重点媒体面向国内国际发展。培育外向型文化企业，支持文化企业到境外开拓市场。鼓励社会组织、中资机构等与孔子学院和海外文化中心建设，承担人文交流项目"。所以，明确我国传统文化跨文化传播的实施主体以及各组成部分的责任，分析当前存在的不足及影响因素并针对性地提出建议，从而推动我国传统文化对外传播的进程。

第一节　中国传统文化走向世界的实施主体的界定

从传播学的角度上看，关于跨文化传播的实施主体，可以分为不同的类别，其中多元化主体的理论，可以作为我国传统文化跨文化传播的参考，该理论是将国际传播定义为跨文化传播，是包含了个体、团体、政府等多元化主体的信息交流，而国际传播则是研究信息在不同主体之间传递价值观、意见和信息等方面的内容。所以，在我国传统文化对外输出方面，我们要联合政府、企业、民间组织和个人等不同的主体，形成一个政府主导、企业主体、市场运作、社会参与的文化走向世界的实施主体构架，通过充分调动各个主体的积极性、完善各个主体之间的合作机制，实现我国传统文化在国际上的交流与传播，最终达到我国传统文化走出国门、走进其他文化区域并产生影响力的效果。

一、政府部门

在我国传统文化对外输出的实施主体中，政府部门担任着非常重要的角色，在主导文化输出、搭建文化输出平台、支持其他主体和维护国家基本权益等方面起到非常重要的作用。从广义的角度来看，我国的政府部门包含了所有能够行使国家权力机关部门，例如立法机关、司法部门、行政机关等，不同的政府部门行使不同的国家职责，例如立法机关则是制定法律，而行政机关则是执行法律、司法部门则是依据当前的法律体系来审判民事或刑事案件等。从狭义的认知上看，政府部门仅包含了国家的行政机构，即依法而建的行使行政权力和职能、管理公共事务和政务的机关体系。对于我国传统文化来说，负责我国文化输出的政府部门隶属于国家的行政机关，在文化输出方面起到了非常大的带头和引导作用。但是，在文化输出的过程中，离不开立法机关、司法部门的支持，尤其是在约束和管理文化输出行为和规范方面，起到非常重要的作用。

二、非政府组织

非政府组织主要是指民间团体或机构，不属于政府部门的所有第三方组织的统称。对于我国传统文化在不同文化体系下的对外输出，非政府组织的作用相对于其他部门来说比较柔和且有韧性，由于没有政治意图和市场利益需求，与政府部门、企业等相比具有非常独特的优势。因为不属于政府官方行为，且没有明显的利益需求，所以在其他文化体系下对外输出更容易被接受，也不会存在被其他受众的排斥或抵触的现象。所以，非政府组织能够为我国传统文化的传播开辟一条新的途径，也是我国文化交流开展的非常重要的组成部分之一，尤其是非政府组织在文化输出过程中采取的形式大都属于公益或志愿性，例如扶贫慈善、环保教育等，所以对于其他受众来说，内心原始的抵触和排斥心理就会非常薄弱，这相对于政府部门主导的或企业以市场利益而开展的文化交流活动来说更容易让受众接受。

三、文化企业

文化企业是从市场需求的角度出发来推动我国传统文化的对外输出进程，而且由于文化企业自身的专业性，相对于政府部门或非政府组织来说，在文化对外传播过程中，传播收益和传播影响力要比其他的实施主体高，所以，在我国传统文化对外输出的实施主体架构层内，要以政府为主

导、文化企业为主体，将更多的文化输出工作交由文化企业来实施，从而
让我国的文化产品或服务质量在国际市场上都能够享有盛名。以俏佳人
传媒公司为例，该企业为我国传统文化走在北美文化区域的传播树立了
榜样。俏佳人传媒公司为了能够拓展北美业务，在 2009 年受够了美国的
国际卫视公司，并更名为"美国 ICN 电视联播网"，当前美国 ICN 电视联
播网已经覆盖了美国包括纽约、洛杉矶、休斯敦等多个城市以及加拿大的
多伦多、温哥华等，并设立了中英文频道，传播内容包括了时事新闻、娱
乐、教育文化等多种内容，传播载体也有互联网络、有线和无线、卫星、
手机等，基本上覆盖了当前主流的传播载体和热门内容，辐射用户高达 1
亿人。俏佳人传媒企业在北美市场上已经占据了稳定的地位，也为我国文
化输出奠定了良好的基础。所以，我国要加大文化企业的支持力度，从政
策、资金、服务等多方面给予支持，从而为我国传统文化跨文化传播构建
强而有力的中坚力量。

四、文化界和学术界知识分子

传统文化的对外传播，知识分子作为一个特色而又重要的组成部分在
为我国文化传播起到特殊的作用，可以说知识分子决定着我国传统文化内
容的质量，也是我国传统文化对外输出的核心部分。所以，我国传统文化
对外传播，要积极鼓励知识分子参与进来，要鼓励他们设计和创造更高质
量的文化产品、设计和保障更加优质的文化服务，从而提升我国文化产品
和服务在国际市场的知名度和影响力，并且要积极鼓励知识分子能够参与
到各种文化交流活动中，促进国际文化交流与合作，并且为高端学术和
文化的阐释起到一锤定音的效果，确保我国传统文化内容的正确性和优
质性。

五、普通民众

普通民众逐渐在我国传统文化对外输出方面扮演着越来越重要的角色，尤其是当今互联网时代，更是加大了普通民众之间的沟通与交流，并且国际关系民主化进程的发展更是让普通民众逐渐成为我国传统文化跨文化传播的有效组成部分。在当前很多国际活动中，参与的人员不仅有国家管理层和社会精英层，普通大众也逐渐参与进来，参与方式除了常规的学术沟通和交流，还有更多的国际性大众活动、国外旅游等，而且互联网时代更是联通了全球范围内的每一个普通人，所以经济文化全球一体化的今天，普通民众之间的沟通机会和交流频率越来越大，越来越多的普通民众参与到文化、艺术、体育等交流活动中，并且由于越来越多的普通民众参与，文化交流的影响力也越来越大，所以普通民众已逐渐成为我国传统文化对外传播不可或缺的一部分。

第二节　实施主体推动中国传统文化走向世界的途径和方式

一、政府层面的传统文化走向世界

政府层面对我国传统文化跨文化传播做出了非常重要的贡献，首先政府部门主导着我国传统文化的对外输出，从战略、策略以及对其他实施主体的支持等方面起到了非常关键的作用，也正是有了我国政府部门的保障才让我国传统文化对外输出更加强劲。

一般来说，我国传统文化跨文化传播从政府层面上讲，包含了三级结构，分别是中央政府，省、自治区、直辖市等省级政府以及各地政府，三级政府通过垂直领导、细致分工将我国传统文化在不同文化体系下的传输工作形成了上有领导、下有实施、中间有监督的协同工作方式。也正是在政府部门的领导下，我国传统文化才会开展文化交流、文艺会演、文化展览、文化论坛、建立海外文化中心、开展文化贸易等多样化的文化走向世界的输出方式，从而推动我国传统文化对外输出的进程。

1. 文化交流

文化交流活动形式多种多样，对于我国传统文化来说，借助传统节日来宣传我国传统文化已经成为一种成功的模式，例如比较流行的"中国文化年"，各种文化节等，这种模式可以在全球范围内进行推广。在我国传统盛大节日的时候，全国人民和全世界的华人华侨都会聚在一起度过，随着我国经济高速发展，国际影响力也越来越大，所以很多传统盛大节日，比如春节在国外也逐渐产生了影响力，越来越多的受众开始关注中国，并且把春节这一盛大节日作为窗口开始了解中国。为了进一步推动我国传统文化的传播和影响，我国也开始了"中国文化年"的项目活动，从国家文化的角度来向全世界展示中国传统文化的魅力，展示中华民族优秀的精神思想形成的当代文化价值观，并且展示当代中国的政治思想和经济策略，从而让中国传统文化在世界上走得更远。从 2002 年我国与日本、韩国开展的文化交流年开始，"中国文化年"就有了基本的雏形，而后该项目在全世界遍地开花，2003 年在法国、2006 年在俄罗斯、2010 年在意大利、2011 年在土耳其、2012 年在德国、2015 年在非洲 20 多个国家和地区、2016 年在埃塞俄比亚，等等，在不同的国家和地区、不同主体的中国文化年项目有序推进，各种文化交流活动顺次开展，涉及文艺演出、文化展览、学术研讨会、影视交流等多个文化层面的多样化的交流活动，为中国传统文化与其他文化体系的沟通交流、相互融合起到了极大的推动作用。

　　"中国文化年"项目的实施，是从国家层面推动我国传统文化的对外传播，站位比较高、涉及范围比较广、影响力比较大，相比于其他形式的文化交流，获得的效益更高。另外，"中国文化年"项目不仅是单纯的文化领域，更是以文化为出发点，辐射到其他领域的活动，例如教育、科技、环保等，对于文化产业发展很容易形成产业集群效应而推动更大的文化产业的发展。不仅如此，由于国家与国家之间的文化交流活动，为地方政府以及文化企业提供了更多的发展机会和平台，让地方政府或文化企业也能够参与到"中国文化年"项目中来，使地方政府可以顺利开展文化节、文化周、文化月等文化交流活动，文化企业可以搭载国家的文化交流顺风车，开展文化贸易，进一步促进我国传统文化在不同文化体系之间的传播与交流。与此同时，政府层面开展的文化交流活动，也让越来越多的民众参与进来，尤其是地方政府开展的文化节、文化周等文化交流活动，更是让具有民族和地方特色的文化形成了输出内容，普通民众也有了参与文化宣传的机会，也能让海外的华人华侨因为中华传统文化的影响而产生自豪感，主动参与到文化交流中来，延续了"中国文化年"活动的影响力，让中国传统文化产生的影响更加深远。

　　所以，整体来看，政府部门组织的文化交流活动，可谓是一点带动全身，不仅调动了国家的优秀文化资源从而促进我国传统文化的对外传播，并且能够产生集群影响效应，让更多的主体参与进来，开展更加多元化的交流活动。此外，政府部门开展的国家层面的文化交流活动而产生的影响力要远远高于其他实施主体所带来的效应，其辐射之广、影响之大、合作之深、领域之多都充分展现了国家在文化输出的战略意图，对于我国传统文化在不同文化体系的对外传播都具有非常重要的意义。

2. 文艺会演

相对于文化交流来说，文艺会演更具有普适性和观赏性，可以在短时间内对让输出国的受众感受到我国传统文化的魅力，从而了解我国的文化知识，促进文化传播。当前，文艺会演是国家层面采用比较多的文化交流方式，在文化输出效果上也非常明显，我国自中华人民共和国成立以来就让文化艺术团出访到世界各地进行演出，通过专业的文艺会演可以将直观的、形象的文化内容展示给国外受众，而且现场的表演更是以动态的方式让其更具魅力，文化传播的效果更好。文艺会演的组织形式上，或者作为文化交流的方式，由政府安排文化艺术团出访演出，这种形式一般会出现在外事访问或者国家组织的国与国之间的文化交流活动中，或者在政府搭建的文化交流平台上，由企业安排或民间组织的形式出访演出。不论是何种形式，文化会演都充分展现了我国传统文化的魅力，通过直观动态的表演让国外能够短时间内了解到中国传统文化，并逐渐产生影响。

3. 文化展览

举办文化展览是我国自中华人民共和国成立以来长时间使用的较为普遍的一种模式，也是我国传统文化对外输出的多内容多层次的文化输出方式，对于我国传播载体不健全、对外输出技巧不成熟的年代，文化展览是最为常见的一种模式。一般来说，文化展览都是在国家政府搭建的文化沟通交流的机会下，由各个省市政府主要承办的大型的综合性强的文化展览活动，而专业性强的文化展览则一般交由外贸公司或专业联合会来承办，所以在文化展览方面，主要承办的主体是政府或文化企业商会等。文化展览的内容也是偏向艺术性，一般展示的是文物、艺术品或书法绘画作品等，所以举办文化展览对于受众的要求相对较高，对于普通民众的吸引力度不是很大。当前，我国传统文化大规模在跨文化视角下对外传播，文化展览也不失为一种高端、个性化文化输出的手段和措施，对于我国文化传播的效果也是非常好的。

4. 文化论坛

文化论坛是一种聚集文化知识分子的专家学者或者社会经营层的一种文化交流活动，相对于文化展览层次更高，对于体现我国传统文化的价值观和核心文化理论来说，具有非常重大的意义和促进作用。在我国传统文化跨文化对外传播的过程中，中外文化论坛让全世界范围内的各个国家和地区的高层次的专家学者本着求同存异的态度，针对各种国际性的问题进行交流，本着合作共赢、和平发展的目标在诸多问题和争议上达成了共识。作为较好的文化交流机制的方式，文化论坛让各个领域的精英人才能够抛弃其他问题的影响，针对学术问题、文化问题进行交流和沟通，而其自身在国际上的影响力更是吸引了更多受众对其的关注，并且号召了越来越多的人才参与到这种对话机制的文化艺术讨论中来，从而了解和认可彼此、促进更深层次的文化合作。

5. 建立海外文化中心

海外文化中心是立足于我国文化对外输出战略设立于国外的文化交流中心，是我国传统文化走向全世界的有效组成部分。自 2002 年开始，我国先后在欧洲、美洲、亚洲等区域的不同国家签署了设立我国海外文化中心的政府文件，并且在海外文化中心的建设上也加大了投资力度，从而为我国传统文化对外输出搭建了新的窗口和平台。

海外文化中心的设立，在文化形式上多种多样，例如举办文艺演出和文化展览、开展影视周或文化节、举行体育赛事或旅游推介会，等等，同时，还会根据所在国的需求，定期开展标准化的中国语言、文字、文化的教学培训项目，并且针对专业的问题开展文化沙龙、讨论会、研讨会等，为弘扬我国传统文化、推动我国文化对外输出做出了巨大贡献。海外文化中心的建立，让中国传统文化对外输出成为日常，对所在国家能够充分展示中国传统文化的魅力，提供全面详细的信息化服务，促进国家文化交流与培训、人才培养和深度交流，增强了所在国的受众对中国文化的了解，更是培养了更丰富的人才来促进中国传统文化在不同文化体系下的全世界范围的传播。

6. 开展文化贸易

开展文化贸易是从市场的角度出发来加速我国传统文化对外传播的进程，对于我国构建完善强大的文化产业、促进我国经济结构调整升级、提高我国文化产品和服务的国际知名度等方面来说，具有很重要的实践价值。在当前国际形势下，全球经济形势收紧，我国开展文化贸易不仅创新了传统文化跨文化视角的传播方式，更是丰富了我国经济贸易市场，让文化产品和服务走向全球的市场，从而为实现我国文化输出战略跨上一个新的台阶。

二、非政府组织层面的对外文化交流

在我国传统文化在不同文化体系下对外传播的实施主体架构中，非政府组织扮演着非常重要的角色，由于实施主体的政治意图和经济意图不同于政府部门，其在政府部门的引导和支持下开展的各种对外文化交流活动，取得的影响效果更加深远。

随着我国传统文化在不同文化体系下的对外传播逐渐深入，非政府组织担任的作用越来越重要，越来越多的民间组织、社会团体在政府的引导与支持下，在全世界遍地开花，开展了一系列的文化交流活动，为推动我国传统文化的跨文化传播而不断努力，成为了宣传中国传统文化、促进中外文化交流的另一特殊渠道。特别是非政府组织自身的目的性非常单纯，功利性和利益性非常低，在很多发达国家，在中国传统文化对外输出方面，往往起到了政府部门难以实现的作用。在非政府组织来促进自己国家文化对外传播方面，法国做出了世界级的表率，其对外文化交流机构"法语联盟"就是典型的非政府组织推广法国语言文化的机构。当前，"法语联盟"已经覆盖了世界136个国家和地区，分支机构也高达1070余个，其参与人数之多、覆盖范围之广，都远远超过了其他国家，并且由于"法语联盟"不带有政府的政治意图，所以其灵活性非常强，专业性也非常高。我国传统文化跨文化传播在非政府组织方面起步较晚，但是发展非常迅速，我国文化部在全球多个国家和地区管理注册的非政府组织个数也在逐年上升，为我国传统文化对外传播做出了巨大贡献。根据我国时任文化部社会团体管理办公室主任王吉介绍："社会组织的民间身份和非营利性等特点，使得它们在开展文化交流活动时更具亲和力，更容易实现交流和理解。尤其在东南亚儒学文化圈内，一些在政治、军事、经济层面无法解决的问题，却可以在文化层面达成共识。文化类社会组织为开展国际文化交流提供了一种独特的宽松场所和基地，很多文化交流项目在促进文化认同方面所产生的作用与影响是巨大的。"

非政府组织与政府部门相比，操作流程和审批流程等相对简化，而且由于长期如一地坚持对外文化传播，与国际上很多文化交流组织交流甚密，所以其在专业性上也达到了国际水准，能够与国际上很多非政府组织相媲美，所以其专业性、灵活性也都比政府部门要高。再加上非政府组织的意图比较单纯，没有很强的功利性和利益性，政治意图也非常少，对于很多国外民众来说，由于政治意识形态的表现非常少，政府宣传意图非常弱，很容易引起当地民众的响应，从宣传效果和持续性的影响力等方面来说也会高于政府部门组织的文化交流活动。为了加强非政府组织在我国传统文化跨文化对外传播的作用，1986年我国成立了最大的对外文化交流的非政府组织——中国对外文化交流协会，旨在促进我国文化与全世界的民间交流与沟通，从而借助第三方的非政府组织来促进全世界人民对中国文化的了解和认知，增强全世界民众与我国的友谊和感情。

三、文化企业层面的对外文化输出

从文化市场的角度上看，文化企业层面的对外文化输出通过市场经济的作用，为我国传统文化跨文化输出构建了新的传播渠道，促进我国文化的对外传播。通过文化企业开展的各种市场行为，我国传统文化跨文化传播的内容更加丰富，形式上也不再单纯地通过文化形式，而是更多地将文化产品或者文化服务作为对外传播的载体，形式上也变得多种多样。全球经济贸易大发展的形势下，文化贸易也在各个国家之间变得越来越频繁，文化企业通过文化贸易行为来促进我国文化对外传播已经成为一种全新的传播形式和渠道，让我国文化产业变得越来越成熟，文化产品和服务变得越来越知名，再加上文化企业自身的专业性，在国际市场上文化贸易行为非常成熟，其也自然而然地成为我国传统文化跨文化传播实施主体架构中非常重要的中坚力量。

我国文化企业层面上实施传统文化的对外传播，主要提供的输出方式有两种，即文化产品和文化服务。其中，文化产品是以实际市场产品，通过以文化产品为载体来进行经济贸易行为实现文化产品的外销，继而实现我国传统文化的对外传播，常见的文化产品有图书、影视文学作品以及各种雕塑、手工艺术品，等等，文化产品是一种表现我国传统文化的主要载体，实现了文化与经济的有效融合，借助特殊的市场产品来形成特殊的文化符号、文化信息等来传播我国的传统文化价值理念。文化服务则是满足对方市场需求来获取文化或经济利益的一种特殊市场活动，是将非物质的文化产品体现市场经济价值，比如文化咨询、培训教育、产品设计、文艺表演，等等，与文化产品不同，文化服务在当前文化市场需求不断多样化、高端化和个性化的时代所占的比重越来越大，且有超过文化产品的势头，这也是当前国际形势发展下市场对高端文化服务需求所决定的。不仅如此，文化企业还有合作投资、战略包括合作研发、国外直接投资、战略合作、委托代理等多种形式的文化贸易行为，一般在企业文化学习、咨询和移植的活动中比较常见，也是大型跨国公司常见的市场行为。随着我国全球贸易的不断推进，文化企业的文化贸易输出在对外贸易结构中的比例也越来越大，这不仅是我国将文化输出作为国家战略的具体表现，更是国际市场上对高端文化市场需求所决定。我国传统文化跨文化传播，要乘知识经济的东风，不断加强和优化文化产业的建设，改革文化企业的市场供给结构，从而在我国的文化贸易中使文化产品和服务的质量越来越高，以满足当前国际市场上高端化、个性化的文化需求，进一步推动我国传统文化的对外传播。

当前，我国大型的文化企业也逐渐朝着国际化方向发展，国际市场的竞争实力也越来越强，我国要充分发挥各个大型文化企业在我国文化输出的主体力量，使其能够通过文化产品、文化服务的外贸输出，来增强我国传统文化跨文化传播的沟通与交流，让我国优秀的传统文化走得更远。

四、知识分子层面的对外文化交往

当前，我国已经成为全球第二大经济体，尤其是在面对 2020 年突如其来的新冠病毒肺炎疫情，在全球经济遭受重大打击的情况下，我国较快走出疫情困扰，实现了经济正增长。所以，我国强大的综合国力在全球范围内已经产生了重大影响，国际地位也有明显提升，很多国家都向中国抛出了橄榄枝期望能够与我国在众多领域有深入合作。随着与全球范围内的各个国家和地区的交往越来越频繁，我国的母语——汉语也受到越来越多国家的重视，国外很多培训机构甚至教育机构都开始将汉语纳入学习中，全球的"汉语热"正在流行。随着汉语热度的不断提升，知识分子在我国传统文化对外输出中的作用也就越来越明显，例如孔子学院这样的海外中国传统文化机构也应运而生，为传播我国传统文化开辟了全新的渠道。世界上第一所孔子学院是 2004 年韩国首尔的孔子学院，截至 2019 年 12 月，中国已在全球 162 个国家（地区）建立 550 所孔子学院和 1172 个中小学孔子课堂。孔子学院自创办以来，累计为数千万各国学员学习中文、了解中国文化提供服务，在推动国际中文教育发展方面发挥了重要作用，成为世界认识中国的一个重要平台。汉语的流行为我国传统文化的传播带来了新的机遇，也让知识分子在文化输出中的作用越来越明显，通过类似于孔子学院这样的海外中国文化中心的成立，让知识分子不再是辅助其他的实施主体，更多的机会是直接担任我国传统文化跨文化传播的主体，让越来越多的国外受众来学习中国语言、了解中国文化，也为其他国家和地区的社会精英层深度讨论和学习中国传统文化以及寻求更多更深层的文化交流与合作奠定了良好的基础。

五、民间层面的对外文化交际

作为非政府机构的补充，民间层面延续了非政府机构在我国传统文化跨文化传播的功能和功效，但是民间层面与非政府机构相比，目的性更单纯，几乎不带有任何政治意图和经济功利。民间层面的文化输出机构，也是我国传统文化跨文化传播实施主体的重要组成部分，能够在文化输出发展中起到意想不到的作用，相较于其他实施主体，民间层面的实施主体受到的限制和约束更少，更加灵活多变，接触面更加广泛。

第一，民间层面的文化输出实施主体，由于是来自于普通民众，所以在普通民众间的信任度比较高，而且不受某个国家或企业的约束，在形式上更加灵活多变，更贴近于当地人的生活和接受习惯，这种接地气的交流方式让国外受众能够快速提升兴趣并建立信任感，而且由于实施主体与受众之间的平等关系，能够与参与其中的国外民众建立相互信任、相互尊重的友谊，所以这种民间的实施主体所带来的效应往往比其他的实施主体所产生的效应更加亲切，效果更高。第二，民间机构相对于其他实施主体来说，本身就是来自于输出国的普通民众或长期在此地生活或工作，不属于外来的单位、组织或企业，所以受到国际要求、国家关系的影响和约束比较少，受国际形势变化所带来的影响也相对较低，并且民间的私人关系相对来说可信度更高、关系更加稳定，即便是国家关系发生了不好的变化，民间实施主体仍然可以保持良好的沟通，甚至可以为国与国之间的关系转变提供新的可能。第三，接触面比较广泛。由于民间实施主体包含的类型比较多，如非执政党、国际友人、民间组织、个人等，形形色色的受众都会有所接触，所以民间实施主体的交往对象也非常广泛。

我国在大力推动传统文化跨文化传播的过程中，也要注重民间层面的实施主体的鼓励和支持，要让越来越多的民间组织加入到我国文化输出的实施体系中来，成为对外文化传播的一分子来让我国传统文化走得更远。

第三节　实施主体推动中国传统文化走向世界的现实不足分析

一、政府层面传统文化走向世界的不足分析

政府部门是我国传统文化跨文化传播的实施主体的核心，也是我国文化对外输出实施主体构架的设计者、我国文化对外输出的宏观设计者、文

化对外输出的财力物力人力投入者，其在我国传统文化对外输出的实施主体中位置关键、作用重大。可以说，我国传统文化跨文化传播，离不开政府的实施，更离不开政府部门的引导和支持，既是文化对外输出的设计者、实施者，也是为国家谋福利的投入者、实践者。政府部门在我国传统文化的对外输出作用不容小觑，但是其仍然存在一些问题需要进一步改进。

第一，文化输出职能划分有待完善。我国政府部门设立了诸多文化管理机构来实现文化输出的相关工作，但是由于我国传统文化跨文化传播还处在初期阶段，政府管理部门的职能划分上还不是很清晰，有的部门管理职能较为分散，而有的又存在职能交叉的问题，而且各部门利益划分不清晰，审批程序繁杂等，使得政府的文化输出管理职能并未充分体现。例如，我国新闻出版署、文化和旅游部都在统领我国文化领域的管理事宜，国家文联、作协、文物局和体育总局、中宣部也都涉及文化机构管理领域，这些部门在职能上存在一定的交叉，并且较为分散，利益存在冲突且有时候会相互约束，从而使得我国文化输出的资源调动不充分、布局不合理、管理交叉且有盲点，事宜程序烦琐，这些对于我国传统文化跨文化输出来说，严重制约了项目发展的规模和效率的提升，且不同部门之间交叉存在盲点，很容易造成管理脱钩，事后又相互推诿，找不到管理盲区，文化管理提升缓慢。这些都是我国文化管理部门不得不考虑的问题，需要充分梳理和划分文化管理职能，将文化、科技、旅游、体育以及文化输出、文化外贸等工作形成自然而下、统一统筹、分工明确的扁平化组织架构，对我国传统文化跨文化传播进行统筹管理。

第二，仍然存在政府全部担当的现象。在我国传统文化对外输出方面，政府部门的职责仍然遗留着计划经济时代的特征，往往是大包大揽全部包办，政府的负担越来越重，由于政府部门过于参与，导致其他实施主体例如文化企业、民间组织等发展缓慢。整体上看，政府部门与地方、企业、民间团体之间的配合还不默契，多层次合作机制尚不健全，很多时候政府部门尚未认清自己在传统文化跨文化传播过程中的职责和作用所在，导致在具体实施上是以全能型政府的角色在担当，限制了文化企业、民间组织以及其他主体的积极性和发展空间。所以，我国传统文化跨文化传播的实施主体的政府部门，首先要从根本上进行改革，向以服务大众、支持大众的职能型政府为主要方向进行转变，此外，还要转变政府工作人员的思维观念，实施主体的中坚力量向文化企业、民间组织等进行转移。以文艺会演为例，如果政府部门与输出国家政府高层进行沟通来开展宣扬我国优秀传统文化的艺术团演出，而后由输出国政府进行宣传并提供其他基础设施的支持，这种方式宣传力度大、辐射范围广，是常见的政府部门组织的文化输出的方式之一。但是这一方式由政府部门来实施，在一些方面还存在不足：首先，缺乏吸引力和创新力。相对于文化企业来说，政府部门的专业性和创新性远远不能满足当前受众对文艺会演的需求，而且形式固定，程序死板，灵活性差。其次，演出经费比较高，由于政府部门更看重政治意图，不会过度追求经济利益，所以这样的形式需要政府支付高昂的费用来支持文艺会演。最后，种类单一，内容固定。政府组织的文艺会演已经相对固定，常见的是我国传统杂技、武术，以及民乐舞蹈等，真正展现中国文化品牌的项目不多，而且高端化的产品非常少，所以在传统文化初期还能够给国外受众耳目一新、眼前一亮的新鲜感，但是在当前文化市场充斥着各种信息，受众已经对这种文化形式和内容见怪不怪，自然提不起兴趣，而且还未形成涵盖对外宣传、对外贸易推介、形象推广等内容的多效应集成的综合性文化活动。所以，政府部门应该在顶层设计、辅助支持方面下大功夫，让架构建设、实施主体建设、文化对外输出监督等职能留在政府部门，具体的文化实施活动则以其他实施主体为主，充分体现政府部门的职能型作用。

二、非政府组织层面的对外文化交流不足分析

非政府组织作为我国传统文化跨文化传播的实施主体的中坚力量，在文化输出方面具有不可磨灭的贡献，各民间文化组织团体在长期的文化输出工作中，为我国传统文化走出国门、走进不同文化体系中起到了非常重要的作用。但随着政府职能的转变和文化输出的主体转移，非政府组织在大规模的文化交流活动、提升文化输出效能方面越来越受到诸多限制，发展也遇到了瓶颈。整体来看，非政府组织在以下几方面存在不足：首先是财力不足。我国传统文化跨文化传播的非政府组织，在组织文化对外输出的活动中往往是自筹资金，再加上我国非政府组织的成立和发展的时间比较短，完善的资金链条尚未形成，所以在自负盈亏的文化输出项目中，往往会出现资金链断裂、财力不足的问题发生，严重制约了自身的发展。其次，过度依赖政府部门。非政府组织在文化输出工作上，并没有充分发挥自身实施主体的主观能动性，大多数时候都是依赖政府部门，导致非政府组织开展的文化交流活动"官方"色彩比较严重。当然，也有时候由于政府部门的原因，对非政府组织的干预过多，导致非政府组织开展的文化交流活动丢失了"民间性"，这种对政府部门过度依赖、错综复杂的关系如果纠缠不清，往往会给国外受众带来是否存在虚假的疑惑，从而逐渐产生怀疑而丧失信任感和传播的有效性。最后，由于我国非政府组织发展相对较晚，自身的素质还有待提升，内部机制也有待完善，民间的认可度和信任度也尚未形成，而且文化输出工作也需要丰富的经验，在一些传播文化内容的选择上，往往会在"高雅""通俗"方面的选择存在差异性，甚至也会出现谋利、谋名的现象，这也让非政府组织自身发展和文化输出的目标变得模糊，非政府组织的作用在文化输出方面不能得到充分的体现。

三、文化企业层面的对外文化输出不足分析

随着我国经济的高速发展，文化产业也逐渐发展并兴盛起来，也有不少企业开始在国际市场上崭露头角。整体上来看，我国的文化产业发展与发达国家相比仍然存在一定的差距，经济体量小、文化产业基础弱、国际文化市场竞争大、高端人才匮乏、文化产品和服务满足不了市场深层次需求、知名品牌少、创新型产品少等都是摆在我国文化企业发展壮大过程中的难题。

第一，语言翻译人才匮乏。汉语语言可谓是当前世界上现用语言中较复杂的语言之一，但是对于我国传统文化对外输出来说，语言是主要的载体之一，而我国对其他国家的语言翻译不专业将会成为对外文化输出的主要障碍。比如我国的文艺会演，大多是以杂技等动作表演为主，真正的语言类项目相对较少，这也是因为语言沟通障碍导致我国传统文化输出大打折扣的原因之一。文化企业层面的对外输出，专业的语言翻译人才是非常匮乏的，尤其是我国当前以一个点向全世界不同文化体系下的传播，更是需要大量的语言翻译人才才能满足我国传统文化的跨文化传播。

第二，缺少文化知名品牌。我国文化企业在当前国际文化市场上尚未形成知名度和影响力，文化知名品牌尚未形成，这对于我国文化企业来说，在国际市场上让受众直接接受还存在一定的难度。从某种程度上来说，文化品牌是文化企业在市场上产品质量和企业信誉的积累，属于文化企业的无形资产，更是受众的信赖与支持，拥有知名品牌的文化产品或服务到了市场上很容易让受众接受。比如美国百老汇、俄罗斯的芭蕾舞团等，这些知名品牌下的产品往往不用过多宣传就能够受到观众的热捧，常常是一种未演先热的状态。我国的文化企业需要打造这种国际知名的文化品牌，只有这样才能让企业在国际文化市场上更具竞争力和影响力，但是，知名的文化品牌打造不能单单依靠一个企业，更需要一条健全而又强

大的产业生产链，从创意到制作再到产品或服务的管理运营都需要专业的团队参与。所以，我国在传统文化跨文化传播方面，要本着树立知名文化品牌的目标，加强文化产业的建设与投入，完善我国的文化产业体系，为促进我国传统文化跨文化传播打造一支强而有力的团队。

第三，对受众接受习惯和审美取向掌握不充分。由于文化体系的不同导致不同国家和地区的受众在对传播的文化信息的接收习惯存在差异性，而且受众的审美取向因为文化体系不同也存在一定的差异性。作为一种满足精神需求的产品，文化企业生产的文化产品再投放到国际市场上要尊重受众的习惯和需求，要紧跟时代的变换进行改造和创新，只有这样才能让不同文化体系下的受众乐于接受和学习。国外很多国家在满足受众用户习惯和审美取向方面实现本国的文化对外输出，有很多值得我们借鉴的方面，例如日本在欧美市场推出自己的漫画产品时往往会假借欧美故事和文化符号等，这样才能让不同文化体系下的其他受众接受自己的漫画产品。

第四，文化市场的营销能力不足。我国文化企业在对国际市场的运作尚不成熟，市场营销的能力还有待进一步提升。我国传统文化的跨文化传播，很大程度上需要依靠市场营销和运作，而且市场营销和运作也是让传统文化走进不同文化体系的关键所在。我国文化企业发展大都处在初期阶段，对于国际市场营销和运作的专业性不够、经验也比较匮乏，而且这方面的专业人才也需要对国际市场非常熟悉，对不同文化体系下的用户习惯和价值取向都非常了解，这些都是我国文化企业当前所匮乏和提升的。例如，加拿大的太阳马戏团，不仅演出精湛，而且其营销团队也非常专业，对于要演出的城市中的受众特点研究得非常透彻，在宣传上也做得非常有针对性，也正是太阳马戏团对人才的渴望追求，对受众的分析透彻加上专业化的营销，才能使其成为一个国际顶尖水准的娱乐公司。我国传统文化跨文化传播方面，文化企业虽然能够在专业产品上具有专业水平，但是营销的着力点往往不足，从受众分析与定位、文化产品的包装与营销、舞台风格的设计与装饰等方面都还需要下更大的功夫来达到更高的宣传要求，也正是这方面的不足，文化企业开展的文化输出在"走出去"的过程比较强劲，但是在不同文化体系中"走进去"就显得心有余而力不足了。

四、知识分子层面的对外文化交往不足分析

孔子学院作为知识分子作为实施主体的场所，在我国传统文化对外传播方面起到了非常重要的作用，并且开放的教学方式也让越来越多的受众在潜移默化中了解和学习我国的传统文化，但是随着时间的推进，孔子学院在对国外受众进行文化传播时也暴露出许多需要改进优化的地方。

第一，孔子学院的目标阐释有待加强。孔子学院作为宣传中国优秀传统文化的基地，由于自身对孔子学院办学宗旨和目标的阐释不足，让不少受众对其产生了曲解，认为孔子学院是我国文化扩张的手段，是文化入侵的工具。这种误解说明他们对我国的政治观念还不够了解，对孔子学院的价值目标和真正内涵还不够清晰，才让他们认为孔子学院是我国的文化扩张和对其他文化体系的侵蚀。这也说明我国对孔子学院的阐释还不够深入，才会让国外受众对其产生误解。第二，孔子学院机制还不够完善。孔子学院在自身机制上还需要进一步考究和完善，在诸多问题上还存在提升的地方，比如孔子学院的教材与当地的契合度使学习对象比较困惑，由于孔子学院的教材由各地的大学参与主编，而孔子学院在不同文化体系的区域内进行分部，受众差异性和复杂性让教材编撰的难度进一步提升，由于不同国家的受众需求和习惯不统一，使针对性的教材开发很难实现，这也说明了我国在孔子学院教材开发的机制方面存在问题。再比如师资问题等，也正是孔子学院现存的问题，导致部分孔子学院面临着关停的风险，根据瑞典斯德哥尔摩大学官方网站发布的消息，斯德哥尔摩大学与孔子学院的合作协议于 2014 年年底到期后不再续约，美国芝加哥大学也表示停

止继续进行孔子学院续约商谈。由此可见，孔子学院的办学机制还需要进一步完善与优化，比如孔子学院在传播我国传统文化时，要考虑当地文化元素和教学体制，另外语言方面的阻碍也需要解决，这不仅影响我国传统文化深层次文化的传播，也影响了我国文化与国外深层次的合作，此外也要加强孔子学院的文化教育创新，在融入我国优秀的传统文化的同时，要创新性地体现当地文化的价值以及我国优秀传统文化的现代价值，从而让孔子学院在当地更具竞争力。

五、其他层面的不足分析

第一，文化贸易结构失衡。文化贸易是我国传统文化跨文化输出的新渠道，也是促进我国经济发展、文化产业完善构建的新途径。随着我国经济贸易的不断深入，文化贸易在我国贸易体系中所占的比例也逐年上升，地位也越来越高。当前，世界文化商品市场也由于我国文化输出的原因成为了美、日、德、法、中五个国家的"五强争霸"的局面，这说明我国将文化输出提升到国家战略层面的具体实施已经初见成效，我国文化产业的发展已经在国际上初具影响力。

但是由于我国文化产业发展起步晚，与其他产业贸易相比文化贸易也存在结构失衡的问题，主要表现在三个方面：物质文化和非物质文化比例失衡，传统文化现代化价值比例失衡、文化贸易内容比例失衡。①物质文化和非物质文化比例失衡。文化呈现有两种形式，即物质呈现和非物质呈现，这也就构成了文化中的物质文化和非物质文化两部分。我国当前文化贸易的开展已经在国际上初具成效，贸易比例大部分来自于物质文化，但是这种对文化输出的影响往往只是流于表面，真正产生深远的世界影响力还需要更多的非物质文化的输出。正如英国人类学家泰勒在《原始文化》中提到："文化，或文明，就其广泛的民族学意义来说，是包括全部的知识、信仰、艺术、道德、法律、习俗以及作为一个社会成员的人所掌握和接受的任何其他的才能和习惯的复合体。"所以，加大非物质文化在我国文化外贸中的比例将会对我国传统文化输出并产生深远影响起到决定性的作用。②传统文化现代化价值比例失衡。我国传统文化跨文化传播，真正意义是体现传统文化的现代价值，如果过分强调传统文化而忽略了其对现代文明的影响以及现代价值的体现，那么势必会本末倒置。我国现代文明与我国传统文明是一脉相承，且前者是后者在当前世界文明体系下的延伸和创新，并且传统文化中的精神思想和价值观念也正是当代中国人精神和行为的思想源泉，更是我国立国之本、强国之源。我国在文化贸易过程中，过分强调了传统文化以往的价值体现，而对于现代价值的影响下形成的现代文化的传播则相对较少，例如中国特色社会主义核心价值观、中国社会主义理论体系，等等，这些正是具有现代价值的中国特色文化，也是我国传统文化思想影响下产生的，更具现代价值和实用意义。③文化贸易内容比例失衡。文化产业结构可以划分为文化产业核心层、文化产业外围层和相关文化产业层三个层次，而文化产业核心层则是体现传统文化思想观念、对国外受众产生影响和心理折服力的关键所在，我国很多产业机构例如文化艺术和文化研究、文化机构等都属于体现我国传统思想文化的产业核心层。文化产业外围层则有常见的网络文化服务、旅游、休闲娱乐、广告会展等。相关文化产业层则主要包括文化用品、文化设备以及工艺产品等相关文化加工产品的生产、加工和销售。我国文化对外贸易的内容方面，真正体现我国传统文化核心思想层面的输出比例严重不足，根据我国文化外贸产品结构分析，一半以上属于文教娱乐、体育设施等，真正涉及文化核心内容、文化服务的内容非常少，而这些正是体现我国传统文化核心思想价值的地方。"中国在能够输出任何其他东西的同时，却仍然在进口政策思想。"这种文化外贸内容比例失衡的现象说明我国文化产业发展仍然处在初级阶段，真正的文化核心产业层的市场我国尚未过多触及，这也正是我国传统文化对外输出需要不断努力和提升的地方。

第二，文化产业在国际市场的核心竞争力不强。市场竞争力是对传播文化的认可度，也是一个国家综合软实力的表现。整体上看，我国作为对外贸易大国，文化产生的国际影响力与我国当前的贸易总量、我国的综合国际地位不对等。按照主流媒体给出的国家文化影响力，我国的文化影响力远远低于意大利、法国、西班牙等文化强国，所以这与我国现有的国际地位非常不对称，整体上看，表现为文化市场核心文化份额占比少，国际文化市场占有率远远低于其他文化输出大国。所以，虽然我国已经成为全球第二大经济体，但是离"文化大国"仍然有很长的路要走，这说明我国文化产业在国际市场的影响力不强，核心竞争力还有待提升。

第四节　提升中国传统文化走向世界的实施主体功效的建议

一、构建传统文化走向世界的综合性策略

构建我国传统文化在不同文化体系下向全世界范围内的传播，要构建一个整体规划和策略，首先要做到有整体规划，对于我国文化输出途径、输出范围进行优化，并构建专门的专业经纪机构，完成中外文化交流的中介工作；其次加强我国文化输出的国际合作，与国外先进的文化企业研发新产品，共享国际市场；最后要学习别人或者其他领域成功的商业模式，让我国文化实施主体的作用表现出来。

第一，做好我国传统文化跨文化传播的整体规划。在当前我国传统文化走出国门，政府部门构建完整的实施主体框架，而每个实施主体要充分

认清自己的不足和优势，通过明确自身的发展地位，来制定匹配的发展目标和计划。要认清楚我国文化企业自身优势，充分发挥其在文化产业中的作用，并且以区域、类别的不同来制定针对性的输出规划。要让具有文化外贸优势的区域作为龙头，通过集中优势资源、带动周边区域的文化产业发展，来形成我国强势的文化输出项目。要为我国传统文化跨文化输出搭建一个稳定良好的贸易平台，平衡我国广袤区域由于经济文化不平衡所造成的文化输出不平衡，通过搭建贸易平台，让我国所有的优势民俗文化都能够走到台前，通过贸易平台来与国际市场见面，并且要延伸贸易平台的服务作用，将更多的文化服务公司和团队搬迁到平台上来，让贸易平台不仅提供文化产品，而且可以更多地为国内甚至是国际市场提供文化服务，这不仅能够保证我国传统文化对外输出的质量，还可以为我国各种非物质文化贸易提供更多的机会。在输出范围的策略上，由于我国传统文化直接进入不同文化体系中会存在文化折扣的现象，所以我国的传统文化输出范围可以先以亚太地区或其他不同文化体系下的华人区域进行输出，并以此为基础，以点带面逐步扩大文化传播和影响的范围，最终实现全球范围内的传播。

第二，构建专门的专业经纪机构，完成中外文化交流的中介工作。专门的经纪机构在我国传统文化跨文化对外输出的过程中，可以作为纽带和桥梁来打通不同文化体系下的国家文化机构之间的沟通，起到事半功倍的效果。我国要积极地支持和扶持文化经纪机构的构建和发展，通过政策、资金支持来大力扶持此类文化经纪机构的发展，通过扩大业务范围、拓宽业务渠道来让经纪机构成为跨国的全球性公司，这样就可以为我国传统文化跨文化传播搭建沟通的桥梁。

第三，加强我国文化输出的国际合作，与国外先进的文化企业研发新产品，共享国际市场。由于我国文化产业在高端文化产品和服务方面在国际上的竞争力和影响力还相对较低，所以我国可以与国际知名文化公司开展合作，共同研发新产品，共享国际市场，从而让我国的文化对外输出能够得到新鲜活力而加快对外输出的进程。开展国际合作，在全世界范围内是一种非常有效的办法，可以借助不同文化体系下成熟的文化公司来助力我国传统文化的对外传播，来缩小我国传统文化产品或服务与国际标准之间的差距。

第四，学习别人或者其他领域成功的商业模式。商业模式是可以复制的，也是推动企业成功发展的关键。我国传统文化跨文化对外传播，可以借助参考其他的成功商业模式，从而创新我国传统文化的对外传播方式和渠道。通过借鉴成功的商业模式，可以让我国文化企业加速发展，拉近我国文化企业与国际上成熟企业之间的距离。在当前时代，一个成功的商业模式可以得到快速的推广，例如达人秀模式，这种全球化的商业运作快速在各个国家得到复制和推广，并且以此复制出的中国好声音等现场选秀类节目也大量出现。商业模式成功的关键，在于对目标群体的透彻分析、市场营销的体系化运作、商业模式的规模化和标准化，等等，而这些正是一个知名品牌所需要具备的内容。

二、扩大对外文化交流的深度和广度

扩大我国传统文化跨文化传播开展的文化交流的深度和广度，加深文化交流内容的内涵，创新文化交流的形式，拓宽文化交流的渠道，让我国传统文化的对外输出迈向一个新的台阶。

第一，提高文化对外输出的内容质量。在当前市场需求端受众的要求不断朝着高端化、个性化的方向发展，文化对外输出也要加强文化内容的提升，通过深入挖掘文化积淀，创新文化内容，让我国文化对外输出满足更多高端化用户的需求。文化本身就是一个动态发展的过程，而不断优化和发展正是文化体现自身生命力所在。文化输出的内容更加高端和核心，不仅能够体现我国对外文化交流的目标，而且还能让我国传统文化核心思想与其他不同文化体系的思想碰撞与融合，才能让我国传统文化不断地成长和优化。另外，要加强我国传统文化在现代中国建设过程中的价值体现，要让我国传统文化在当前新时代中的运用经验以及所得到的成就都展示在全世界的受众面前，从而让国外受众了解我国传统文化的魅力，理解现代中国的政治思想观念和核心价值观，为维护我国大国形象而不断努力。最后，还需要加强演出形式上的创新，尤其是在市场营销和包装宣传等方面，要注重受众的特点，分析受众的文化差异性和审美差异性，从而有针对性地进行营销管理和宣传保障，让我国传统文化中优秀的文化思想、成熟的文化艺术等能够真正走进不同文化体系下的受众心中并产生影响。

第二，加强对外文化的规划。加强我国文化输出的统筹规划，完成我国传统文化跨文化传播战略的顶层设计。政府部门作为我国文化输出的核心，既要完成我国传统文化对外输出的顶层设计，又要实现部分文化交流工作，但是前者更能体现我国政府部门在文化输出中的价值和作用，也是我国政府部门向职能型政府转变的象征。所以，政府部门在统筹规划我国传统文化对外输出的过程中，要不断加强文化对外交流的广度和深度，提高传统文化的内容类型和范围、加深传统文化的内容内涵，此外还要积极地组织文化部门甚至第三方企业来对输出目标区域的受众和文化市场进行深入分析，从而了解国外受众的心理，掌握受众的习惯，并引导其他的实施主体制定针对性的文化对外交流策略。例如针对普通民众，可以采用文艺演出、展览等喜闻乐见、通俗易懂的文化交流策略，针对社会经营层则开展深层次、更核心的交流活动，学术沙龙、论坛或讨论会等，从而满足不同层次的受众需求。

第三，搭建多元化的对外文化交流平台。要大力整合各个实施主体，基于形成的实施主体结构体系来构建多元化的对外文化交流平台，为不同实施主体通过全方位的信息分享、流程支持等。充分发挥驻国外的各个中国机构的桥梁作用，让领事馆、大使馆、国外办事处或企业代表或国外分支机构等在对外交流平台中起到中介、沟通的作用；参加国际文化交流活动，并积极参加国际文化交流机构，从而让中国公民能够在其中担任要职，以此增强我国的国际文化话语权；增强我国文化载体的优势作用，在多元化交流平台上融合影视节、艺术品展览会、博览会等平台，从而为宣传我国传统文化下的优秀文化作品和文化服务提供接口；精心挑选、培育对外展演团、组，提升对外文化、文艺演出的水平；积极参与或主办国际性书展、节展，大力发展、扶持各类对外文化中介机构。同时，要加强非政府组织的对外文化交流作用，并使其成为我国传统文化对外输出的中坚力量，完善中外文化交流的平台和途径，并且要加大对民间团体或组织的支持和鼓励力度，调动实施主体框架中各个实施主体的积极性，实现全民参与传统文化对外输出、全民鼓励文化产业大发展的局面，为促进我国传统文化跨文化传播培育强而有力的实施主体。

第六章 跨文化传播视角下中国传统文化走向世界的传播载体

优秀的文化内容是传统文化走向全世界的核心，但是传播载体则是增强文化影响力和辐射力、促进世界感召力和亲和力的关键，在优异的传播载体基础上采用合适的投送技巧，将会让中国传统文化走向世界的效果更佳，影响力更强，辐射范围更广。可以这样理解，中国传统文化在不同文化体系下全世界范围的传播载体决定了传播力的强弱和辐射范围的大小，尤其是国外民众在文化接受的心理需求和习惯方面存在一定的差异性，所以建设中国优异的传播载体是推广和弘扬中国传统文化、加快与其他文化体系交流和融合的关键。

第一节 跨文化传播的载体

中国传统文化在不同文化体系的全世界范围的传播离不开传播载体，当前常见的传播载体包括大众传媒、语言媒介、文化交流平台、第三方的世界力量、文化产业和外贸载体，不同的传播载体在跨文化传播过程中起到的作用和效果是不一样的，而选择和培育跨文化传播的载体则是跨文化传播视角下中国传统文化走向世界的第一步。

一、大众传媒

　　大众传播媒介又被称为大众传媒，一般包含了两个层次的内容，第一层是信息传播的介质及传播工具，例如传统传播媒体如报刊、电视、广播，新兴的传媒媒体有互联网、手机自媒体等，第二层是传播机构，报刊、电视台、广播台，通讯社、报社以及互联网运营公司、手机自媒体运营商，等等。

　　作为文化传播不可或缺的一部分，大众传媒在文化传播、展示我国软实力方面起到非常重要的作用，是文化传播和扩散赖以生存的媒介。尤其是在当前信息化空前繁荣的今天，以互联网为基础的大众传播媒介展现出的高效率、大范围、高质量的传播力和影响力是前所未有的，所以我国传统文化在不同文化体系下实现全世界范围内的传播，选择一个好的传播媒介是前提，并且大众传媒本身就能够成为文化输出的天然载体，在文化向外输出的过程中打造一个非常良好的舆论氛围，对于我国传统文化在不同文化体系下向全世界范围内的传播可以达到事半功倍的效果。

　　一般来说，大众传播媒介是根据时代的科技力量来不断地演变和改进，所以从古至今大众传播媒介可以分为人为媒介、书籍媒介、现代电子媒介三个阶段。在人为媒介阶段中，口口相传是典型的文化传播行为，但是碍于时效性和个人能力其传播效果和影响范围非常有限。随着文字的出现尤其是印刷术的发明，书籍成为第二个大众传媒阶段的主要传播媒介极大地突破了人为媒介阶段的时效性，可以实现跨时空的传播，但是碍于事物传递范围以及其他受众的文化水平，其传播效能也是非常有限的。现代电子媒介是大众传播的第三个发展阶段，也是推动人类文化传承和文化快速传播的主要阶段，对于人类文明发展史来说具有非常重要的作用。当前的互联网，被人们称为"自由的信息超级市场"，完全打破了传统传播媒介在时间与空间的局限性，让文化信息的传播实现了瞬间化和多维化，通过在极短的时间内将文化信息通过不同的媒体形式（如文字、声音、图片、视频等）多元化地传播到世界的各个角落，所以传播范围之广、传播影响之大是前所未有的。尤其是进入 21 世纪以来，各种自媒体的出现更是为文化传播奠定了良好的基础，让越来越多的人能够有机会接触到文化传播的内容，而且每个民众都能够成为文化传播的一员来促进文化的交流与传播，所以我国传统文化在不同文化体系下在全世界范围内的传播，选择并培育好互联网传播媒介是非常关键而且有效的一步，只有这样才能实现"磨刀不误砍柴工""事半功倍"的效果。

二、语言教育

作为文化的主要载体之一，语言在文化传播过程中担任着非常重要的作用。众所周知，语言是人们沟通的桥梁，通过语言沟通可以理解别人的思想和意图，为获取信任奠定基础，也是实现两个国家在各个领域中达成共识从而获取利益的关键。正如美国人类学家和语言学家萨丕尔所说的："人的独特性正在于，人能通过语言的传播建构自己与世界的一体化关系——人类不只是生活在客观世界之中，也不仅仅是生活在社会行为的世界之中，还受制于特定的语言环境。"所以，借助语言教育来构建我国传统文化在不同文化体系下全世界范围的传播媒介是非常有效的途径。例如美国就非常注重英语语言的推广，并且将英语语言教育提升到传播自己核心文化以及国家价值观的层面，正如美国国际外交咨询委员会指出的："对外交流和培训对美国的对外关系有着直接的和多重的影响，是其最有价值的工具之一。"所以，我国在构建传统文化对外输出的媒介时，也要注重并持续加强语言教育的重要性，实现我国在汉语语言国际化的进程中提高我国传统文化的影响力。1987 年开始，我国就成立了汉语推广的专门组织和结构，并且在 1990 年设立了中国国家汉语水平考试，同时，在进入 21 世纪后，我国又在国外持续建立了非营利公益机构"孔子学院"以推广中国汉语语言和传统中国文化，从而为我国汉语语言的推广和文化传播奠定了良好的基础。此后，我国要持续在语言教育上不断发力，加大汉语语言的教育和影响力，促进我国传统文化在不同文化体系中的传播和影响。

三、文化交流平台

文化对外传播要根据国外民众的心理需求和习惯，来构建多元化的文化交流平台，例如设立重要的中华节日、组织多元的文化传播活动，成立文化对外传播中介机构和完善对外学术交流机制，建设海外文化中心，利用多样化、现代化文化传播载体等，都是构建多元化的文化交流平台，对我国传统文化在不同文化体系下的传播起到非常大的促进作用。

第一，设立重要的中华节日、组织多元的文化传播活动。我国传统节日非常多，尤其是春节是全国乃至全球华人非常重要的节日。目前，中国的春节已经在全球范围内产生影响力，越来越多的人了解到中国春节的魅力，从而喜欢上中国文化。所以，在构建多元化的文化交流平台时，可以借助中华节日、文化传播活动等来展示中国传统文化的魅力，宣扬中国传统文化，从而让更多的国外受众了解到中国文化、学习中国文化，为我国传统文化的进一步传播奠定良好的基础。

第二，成立文化对外传播中介机构和完善对外学术交流机制。文化对外传播中介在非政府组织和非营利组织方面起到一定的促进作用，我国政府应该出台相关政策支持各种民间组织或团队、企业或个人作为文化对外传播的中介参与到中国传统文化的传播中去，甚至可以扶持一部分大的非政府组织或民间团体来加大文化传播的效力。但是，在借助文化对外传播中介的传播力量的同时，要完善对外学术交流的机制，从而让中介机构可以有条不紊、有的放矢地开展文化传播和学术交流工作，有效提升中国传统文化的对外影响力度和层次，提高知名度，尤其是可以将著名汉学家和知名学者作为中介机构的文化传播的负责人或核心人物，保证中国传统文化传播的质量。

第三，建设海外文化中心。作为一种常见和惯用的文化交流方式，建设海外文化中心具有非常直接和边界的特点，国外民众可以足不出国门就能够学习到中国的政治、经济、文化、历史等内容，起到文化传播的桥梁作用。我国海外文化中心建设要不拘泥于形式，要以多元化的方式来进行海外文化中心的建设。虽然我国已经在欧洲、亚洲、非洲、大洋洲和拉丁美洲等 30 余个国家和地区建立了中国文化中心，但是这样的数量远远不足以支撑我国传统文化的对外传播，我国仍然要加大海外中心的建设力度，多样化文化传播形式，为我国传统文化传播提供更多的渠道。

第四，利用多样化、现代化文化传播载体。不同文化体系、不同地域下的受众对文化接受的需求不一致，我国要在构建文化交流平台过程中利用多样化、现代化的新型传播载体，例如动画动漫、影视作品、互联网宣传等，从而借助现代科技力量来扩大文化传播的效能，使得中国传统文化"走出去"的载体更有效、更强劲，从而提升中国传统文化的传播力度和辐射范围。

四、第三方的世界力量

中国传统文化对外传播，是一个任重而又道远的任务，需要在政府的大力主导和支持下、企业和民间力量的配合协调下，才能够让中国传统文化在不同文化体系下在全世界范围内传播。我国要积极地调动第三方的非政府民间组织，例如媒体公众等，更需要充分地实现国外第三方的世界力量，来为我国传统文化的传播搭建稳固的桥梁，从而促进我国传统文化的对外传播。

当前的国际关系发展过程中，国际交流异常频繁，以非国家为主体交流活动也非常活跃，所以我们要充分地利用这部分第三方的世界力量，使中国传统文化对外交流和传播更加深入。中国传统文化的对外传播吸引了越来越多的国内民间力量以及越来越多的国外华人华侨，甚至是在华的外国人，他们通过在华学习或工作，对中国传统文化知识学习得非常深入，他们可以作为中国传统文化的代言人，参与到对外传播的过程中来，并且通过这些人的介绍和讲解，相比于国内的正统力量或其他组织的宣传来说，对于国外受众更具有说服力。

第一，国外的第三方非政府主体。国外第三方组织是非政府的组织或单位，不代表某一个国家或地区的组织或个人。中华儿女遍布全世界，可以说为我国传统文化的对外传播奠定了良好的群众基础。再加上当前国际关系的走向越来越民主化，所以这种非政府性的组织和团体在国际文化交流中发挥的作用也越来越多、越来越大，再加上互联网科技带来的通信能力的增强，第三方非政府组织在中国传统文化对外传播和交流过程中也会带来世界范围内的影响力。所以，我国在加强对国外官方主体的文化传播的同时，还需要加强第三方非政府组织的文化交流与沟通，例如联合国教科文组织在各个国家和地区的非政府主体、非执政党等，从而促进我国对外在文化上的交流与合作，促进我国传统文化的传播的良好环境的构建。

第二，在华的国外留学生。马修·弗雷泽对美国的留学生交流工作这样评价："软实力也包括有助于输出美国模式的艺术交流和学术机构的安排——比如巡回展览和学者交流项目。如果外国学生在美国攻读学业，他们学成回国的时候，已经在美国深深经历了美国价值观、生活态度和思维方式的浸染。"所以，在华的国外留学生要完成国内的学业、生活甚至是工作，就不得不完成对中国传统文化的学习，他们自然而然地成为了中国传统文化对外宣传的一员。中华人民共和国成立伊始，我国就开始招收国外留学生的工作，在华的国外留学生已经覆盖了全国所有省份，而且比例还在逐年攀升。我国在传统文化的对外传播上，要加强对在华的国外留学生的教育和文化交流工作，并将其培育成中国传统文化宣传员，待其学成归国时自然而然地成为我国传统文化对外传播的有效组成部分。

第三，国际友人。很多国际友人自己在本国一般都具有一定的影响力和感召力，社会地位也比较高，并且国际友人对其他国家的文化研究相对理性和客观，不会受到政治意识形态的影响，所以在其他文化体系的研究上也往往比较公正客观。因此，我国传统文化在不同文化体系的对外传播上，可以利用国际友人已有的公信力和影响力，积极地与其开展文化交流，并借助其与当地政府的影响力来构建我国与对应国家的文化交流和互动的桥梁和纽带，从而实现我国传统文化最大的开发和利用，形成强而有力的软实力影响力。

第四，海外华人华侨。全世界的华人华侨与中国是同宗同源，并且很多海外华人华侨都非常注重对自己下一代的寻根教育，这也是每一个中华儿女的特点和骨子特性。再加上他们在家庭环境里对中国的传统文化就能够了如指掌，同时对国外的环境和习惯等也有非常深入的了解，所以海外的中华侨胞也可以作为我国传统文化对外输出的重要部分，成为展示中国形象、传播中国美好的传统文化的民间大使。再加上国外华人分布广泛，构建的汉语传播媒体数量和范围绝不弱于英语的传播媒体，所以海外华人华侨已经构建了完善的文化传播媒介和管道，这些都可以为我国传统文化在不同文化体系下的传播和宣传、提升我国传统文化的海外知名度起到一定的作用。所以，我国传统文化在不同文化体系内的传播，要加强与海外华人华侨的合作，借助当前海外华人华侨的沟通平台来搭建国内对其的宣传和培育工作，使其能够成为宣传中国传统文化、了解中国发展、理性认识西方的"中国威胁论"的有效组成部分。

五、文化产业和外贸载体

文化产业和文化外贸是一个国家软实力呈现的主要方式，也是当前国家在国际形势斗争中的关键产业支柱。对于一个国家来说，加大文化产业的建设和投资，促进文化外贸经济是满足国内民众精神需求、带来良好社会经济效益、增强国家软实力，继而提高国家文化在海外的知名度和影响力的关键。我国在传统文化对外输出的阶段，要不断地加强我国文化产业的集聚和发展，加快文化外贸的成型，通过积极壮大我国文化产业、拓宽文化外贸道路来扩展我国文化产业的国外市场空间，从而让我国优秀文化真正变成全世界的文化，从而为我国传统文化走向世界提供新渠道。

第一，加速我国文化产业海外基地的产业和产业集聚。借鉴我国经济外贸发展过程中构建经贸合作区的模式，在海外可以建立自己的文化产业基地，并且积极发展外向型文化企业，盘活海外文化基地，并逐渐产生集聚效应使其成为中国传统文化对外输出的基点。国家在政策上和资金上，要积极加大海外文化产业基地的建设，并且支持和扶持一批文化外向型的企业，通过文化咨询、影视作品、文艺会演等各种市场行为或产品，来让中国传统文化走出国门，通过文化国际化的发展道路，让中国传统文化在海外寻求更多的市场，继而实现市场引导下的文化输出，形成文化产业发展和文化外贸的局面，扩大我国传统文化在海外的影响力，也为壮大我国文化产业发展、增强国家文化软实力起到极大的推动作用。

第二，打造优秀的文化外贸传播载体。文化产业的发挥和文化外贸的行为本质上是文化输出，所以需要有成熟的、广为人知且易于接受的外贸载体，因此，我国在加强海外文化基地投资和建设、加大对文化外向型企业的支持和扶持力度的同时，要积极关注文化外贸的传播载体的设计与实现，并依靠我国强大的制造业来形成文化产业的完整生态链，促进文化外贸的形成和发展。我国优秀的文化传播载体非常多，例如影视作品、文字瓷器、绘画书法、服饰茶叶、饮食医药，等等，所以打造优秀的文化外贸传播载体非常关键，也是占据海外文化市场最直接的部分。

第三，把握输出对象的市场需求。文化外贸仍然属于经济贸易的行为，仍然要遵循经济市场的发展规律和基本要求。由于不同的国家和地区，受众对其他文化的接受习惯、对文化产品的需求以及由于受众文化差异和认知程度不同等诸多原因，我国传统文化借助文化外贸对外输出要根据输出对象受众的接受需求以及习惯，积极调研海外市场的文化需求，要做到对输出对象国家或地区文化市场需求的充分了解和认知，对海外文化市场的充分认识和细分，只有这样才能让文化外贸的行为更加准确，文化对外传播的质量也才会更高。

第二节　中国传统文化走向世界的传播载体的不足之处

一、传播载体传播效能较低

文化传播载体的效能高低，从经济学的角度上来看，要分析当前传播载体的最终效益，即通过对文化或信息的传播所带来的收益是多少，是否存在亏损等；从传播学的角度上看，则需要看信息传播的范围以及受众的认可度，主要考察的是传播信息的影响力。

我国的传播媒体一直在不断地发展和加强，从世界媒体实验室发布的2019 年《世界媒体 500 强》来看，其中来自美国的谷歌以 1368.19 亿美元的营业收入荣登冠军，康卡斯特、迪士尼公司分别位居第二、第三。入选榜单前十名的媒体公司，有 8 家来自美国，中国共有 95 家媒体公司入选，入选数量仅在美国之后。可见我国传播媒体已经有了长足发展。但是在传播影响力方面，我国与其他国家仍然存在很大的差距，尤其是在传播内容的影响力上与欧美甚至是日本相比都还有很长的路要走。所以，增加传播媒体的投入与建设是我国传统文化对外输出的第一步，后面还需要不断地增强传播媒体的宣传效能，增强其宣传影响力。

二、传播载体的传播内容文化内涵不强

我国的中国国际广播电台分党组副书记、副台长、副总编辑夏吉宣对我国文化的对外传播层面表示，虽然说文化的精髓是由一个个文字符号来组成，但是在国外不同于国内，不能简单地翻译就能实现核心思想的传递，要充分考虑国外语言的语境语意，将传播内容的真正思想内涵翻译正确才能实现思想和文化的传播。所以，我国传统文化与国外很多文化体系的语言存在很大的差异，简单的翻译势必会造成文化理解上的壁垒，需要从传播文化的内涵入手，加大内涵转化和文化注解，从而实现我国传统文化的有效传播。

但是由于中西方文化和语言的差异性，中国很多传统文化中的优秀思想很难通过翻译来直接转化成西方或其他地区的价值观下的理解，这也是我国当前传统文化对外传播的不足之处。例如，我国讲求的"中庸"思想、"仁义"的道德观念等，如果简单地从字面上翻译这种不涉及传播内容内涵的方式，就会让其他文化体系下的民众感到困惑。所以，我国传统文化对外传输，要不断地挖掘我国传统文化的核心思想和内涵、找到输出对象文化的共同价值观，这样才能找到我国对外文化传输的突破口，实现核心思想和内涵的传播。例如，"己所不欲，勿施于人"的价值原则，与西方的"要想别人如何对待你，你就如何对待别人"的价值观念是相似的，所以这种共同点就是我国传统文化内容传播的突破点，我们要不断地努力，整理、挖掘我国传统文化中的优秀思想和真正内涵，并且寻求

文化传播的突破点，只有这样才能达到中国传统文化对外传播和影响的效果。

三、传播载体传统文化"走出去"传播能力有待加强

我国传统文化如何能很好地"走出去"取决于传播载体的传播能力，我国在传统文化对外输出的载体建设方面一直在加大力度，让我国优秀的传统文化能够"走得出去"，但是如何很好地"走出去"仍然是我国当前传统文化传播载体的不足。20世纪50年代，在日内瓦举行的全球会议，期间准备了一个中国刚刚拍摄的故事片《梁山伯与祝英台》，在广告宣传期间，工作人员直接用《梁山伯与祝英台》来宣传，但是周总理将其改为了《中国的罗密欧与朱丽叶》。从这个例子可以看出，我国已经拥有了让传统文化走出去的机会和载体，但是并没有很好地让其对外传播，也就是说我国传播载体让传统文化"走出去"传播能力有待加强，需要从传播区域的受众习惯和欣赏水平入手来分析。

当前，全球的经济贸易关系非常复杂，文化交流也越来越频繁，但是由于全球的文化背景和思想观念不同，我们在传播媒体的硬件条件建设过程中，更要考虑传播媒体的能力和技巧的培育，如何让我国的传统文化更好更贴心地被国外受众所接受，真正融入国外受众的心理层是下一步我们需要努力和提升的方向。对于不同的文化体系，受众的价值观、心理思想各不相同，中国传统文化的对外输出，不是简单的"走出去"，而且最终想要的效果也不是在数量上达到一定的标准，如果不考虑传统文化的对外传播的质量和效果，势必会造成走形式的局面，对于我们最终追求的提升国际形象、提高国际话语权、促进我国在国际上多领域的合作与发展等都达到预期的效果。传播载体对传统文化的传播不仅是担任传递传输的作用，更多的是担任着转化、处理、设计与包装的作用，只有在传播形式

和技巧上投其所好，才能真正在国外受众心中留下深刻的印象，才能做到"讲好中国故事，传播好中国声音"。此外，我国传统文化对外输出的传播载体在传播形式上也要下大功夫，不能仅靠演出、展览、影视作品等手段，更多的是要触及受众的思想和内心，使其改变传统传播被动影响和接受的局面，真正能够主动地去学习、了解中国传统文化，只有这样才能达到中国传统文化在不同文化体系走向全世界的效果。

四、传播载体深层传统文化的传播力和影响力有限

虽然我国传统文化已经在国际上形成一定的影响力，而且很多活动或节日已经逐渐在全球范围内产生深远的影响，但是在核心思想层次的精神文化层面，我国传统文化仍然没有"走出去"，其传播范围和影响力非常有限。纵观当前世界主流的价值观，"自由""平等""民主""人权"，等等，这些主流价值观大都被西方所把控，而我国传统文化深层次的精神内涵传播仍然处在"脸谱化"阶段，所以真正涉及我国传统文化深层次文化的传播在国际上仍然没有很高的知名度。归咎其原因，主要是我国文化产业的产品层次还不够丰富，尤其是涉及我国传统文化深层次的精神思想观念的作品更是非常有限。作为传统文化的载体，文化产业的发展要从市场多层次出发，满足不同层次受众的需求，而且要逐渐培育出中国传统文化特色的文化品牌，尤其是能够彰显当代中国精神风貌和以传统文化衍生的现代中国思想价值观，只有这样才能真正地在深层次文化领域逐渐提升中国传统文化的地位，逐渐提升中国传统文化核心思想和价值观念的影响力。

五、传播载体对于中国传统文化的传播信心有待进一步提升

当前国际上的主要媒体传播载体和舆论话语权大都在西方发达国家，

借助大众传播媒介，西方发达国家对我国的各种不实报道以及莫须有的"中国威胁论"广泛流传。我国很多做文化传播的工作人员，对我国传统文化的传播产生了不自信的心理，尤其是在面对强大的西方舆论压力和强大的传媒载体，更是显得畏首畏尾，担心我们的优秀传统文化加剧西方对我国的"中国威胁论"的认识。当前，我国经济高速发展，国际舞台地位越来越高，而且在很多时候不断挑战着西方文化文明体系，这也导致了西方文明对中国经济崛起、文化崛起的打压。对于文化输出方面来说，无论从传播规模还是从传播能力上，我国的传播媒体与国际顶级水平还存在一定的差距，而在西方媒体的市场竞争以及在不实宣传的压力下，我国的传播载体不自信的心理会显得尤为突出，这对于我国传统文化的对外输出来说，是极为不利的。我国在传统文化对外传播方面，不要担心对西方国家的过激反应，因为当前我国的高速发展和在国际地位上的不断上升让西方国家产生了忌惮心理。我们要以基本的传统文化为核心，始终坚持我国传统文化对外传播的自信心，向全世界人们宣扬我国优秀的核心思想和价值观，从贴近国外基本民众、满足基本需求出发有效实现我国传统文化的对外传播。

第三节 中国传统文化走向世界的传播载体培育建议

一、中国传统文化走向世界需营造稳定的跨文化传播情境

随着综合国力的不断提升，我国所处的国际形势和大环境相对来说也越来越好，尤其是快速的经济发展为我国的传统文化对外传播奠定了良好的基础。但是，在不同的文化体系下，我国传统文化如果想走出去，与西方发达国家相比还存在很大的差距，所以，为了能够保证我国传统文化走

向全世界，我们要继续发展经济为我国传统文化对外传播保驾护航，并且建立完善合理的文化制度体系，以确保我国传统文化对外传播的政策与法律环境的稳定。

第一，打造坚实的经济条件。经济基础决定上层建筑，我国国民经济的快速发展为我国传统文化的对外传播提供了非常有利的环境，借助强大的经济支持，我国在传统文化对外传播过程中可以投入更多的资金支持来构建强大的传播媒介、培育优秀的传播载体、扶持非政府的民间组织或企业等。所以，强大的经济实力是我国传统文化对外传播的基础，如果没有经济实力作为文化传播的强大后盾，那么我国传统文化将会在世界上传播得举步维艰。当前我国传统文化在世界上的影响力已经有了非常大的提升，这也是得益于我国政府不断地对各种非营利性的文化传播组织、孔子学院、海外文化基地、留学生教育等各种有利于我国文化交流传播的组织或团队的资金支持和财力保障，越来越多的人愿意参与到我国传统文化的对外传播过程中来，才能够让我国传统文化在世界的影响力越来越大。所以，坚持不懈地发展我国的国民经济，为文化产业发展和传统文化对外输出打造一个良好的发展环境，能够让我国在传统文化不同文化体系下的传播投入更多的资金，从而推动我国传播媒介和传播载体的建设，加速传统文化走向世界的进程。

第二，建立完善高效合理的文化制度体系。除了强大的经济实力之外，优秀完善的制度体系环境也是加快我国文化产业建设、传统文化对外输出的基本环境条件，完善高效合理的文化制度体系可以让我国传统文化的对外传播行而有据、师出有名，更是对推动我国传统文化走向全世界的重要保障。首先，我国文化制度体系建设要实现制度架构设计，要站在战略的高度，从顶层出发来完善对外文化交流的各个方面，以及每个方面的各个维度，从而让文化制度体系更加完善、层次也更加多样化，只有形成完善合理有效的文化制度体系，才能够让文化传播的所有操作更加行之有效。其次，要将对外文化交流对应的政策及法规进行修订与完善，尤其是在财税、人才服务、信息服务、文化出入境管理等多个方面都要有配套的完善政策和法律法规，尤其是对外文化交流方面，更应该立法，只有这样才能够让我国传统文化对外传播正式与法律接轨。最后，完善对外文化交流制度和机制。我国传统文化对外输出长期由政府来主导，以后要充分发挥政府以外的传播主体，如企业、民间组织、社交平台等，扩大宣传载体规模，优化文化传播渠道，最终形成一个全方位、多渠道、全平台的宣传组合，让我国传统文化的对外传播更具韧性和渗入力度。同时要对以往的传播机制进行优化和调整，尤其是在当前互联网空前发达的信息时代，要建立一套高效有效的文化传播机制，根据不同传播主体、不同传播载体的特点和有效性来设定专门的、具有针对性的传播策略，从而充分发挥每个主体、每个传播载体的最高效能，有效保障我国传统文化能够"走出去"，能够在不同文化体系的全世界范围内进行传播。

二、跨文化传播视角下中国传统文化走向世界的传播载体培育

不同文化体系为我国传统文化的传播带来了文化输出阻碍，而传播载体自身问题让文化体系差异性造成的传播障碍显得尤为突出，所以对我国传统文化在不同文化体系的全世界范围的传播载体的培育是非常重要的问题。只有让传播载体在跨文化的条件下不仅实现我国传统文化的对外传输，还能够实现对不同文化体系的不同区域的对内输送，这样才能实现我国传统文化对外输出的有效性。简单地理解，就是我国传统文化的跨文化传播，通过对传播载体的培育要实现将传统文化从我国"走出去"的同时，还能够实现"走进去"不同的文化体系，这样才能真正让国外受众认可并接受中国传统文化，继而逐渐产生影响来接受我国现在的发展规模和文化价值观。

　　第一，跨文化传播的规律培育。一个国家或民族文化的形成，是一个漫长而又缓慢的过程，随着民族内部的习惯、认知和思想逐渐统一和定型，民族的文化也就慢慢形成，且随着历史长河的沉淀和积累，民族的优秀文化才得以形成。对于一个已经有自身民族文化的他国民众来说，接受外来文化本身就有自己的习惯和特点，尤其是在先入为主的状态下接受他国文化更是一个缓慢的过程。不同于军事打击和政治干预，文化传播是软性的传播与影响的过程，其传播规律就是潜移默化、慢慢浸润。我国传统文化对于人类文明史来说是一块非常闪耀的瑰宝，更是融合了中华民族的综合特性的民族精神，与其他已经消失或先存的文明来说存在很大的差异性。我国传统文化的对外输出工作，也将是一个长期潜移默化的过程，需要大量且持续性的投入才能够达到预期的效果，切忌不能急功近利、一味追求其他效益而导致我国传统文化的传播效果流于形式。

　　第二，培育多元化的跨文化传播纽带与桥梁。我国传统文化的跨文化传播，是中国文明向其他文化体系的输入，特点就是点到面的传输。如果单靠政府主导力量，传播的效果和影响的范围非常有限，我国要在不同的文化体系下培育多元化的文化传播纽带，使其能够作为"中介"的角色来为我国传统文化的对外输出牵线搭桥，实现为我国传统文化对外输出"文化带路"的功效。在我国始终坚持改革开放的当前，越来越多的对外贸易为我国传统文化的对外输出提供了交流机会和平台，国外很多优秀的人才来华学习和工作，对于其母国来说这样的人员是学习中国传统文化的开拓者，也是我国传统文化对该国家文化输入的拓荒者，更是我国传统文化对外输出的传播中介和新生力量。我国要积极地做好来华人员的服务和支持工作，使其能够在我国传统文化对外输出过程中起到"领路人"的作用。除此之外，还有国外驻我国的领事馆工作人员、海外友人以及身处海外的华人侨胞等，他们都是可以作为我国传统文化对外输出的中介，我国要不断地加强与这些"中介者"的合作，将其培育成我国传统文化对外传播的纽带与桥梁，从而实现我国传统文化在不同文化体系中的实践落地。此外，为了能够让中国传统文化真正在国外开花结果，我国还要与当地民众、组织和单位进行紧密的合作，例如当地的学校、社区等，通过与其进行深入合作来开展各种文化宣传和交流活动，从而实现我国传统文化在基层民众中的广泛传播。

第三，优化和创新对外汉语的教学。作为我国文化的直接载体，汉语语言可以作为推广传统文化、加速文化传播的有效媒介，通过提高汉语的国际影响力，让更多的国外民众有兴趣去学习汉语。提高国外民众的汉语兴趣度和影响力，可以通过优化与创新对外汉语教学的方式，来让更多的国外民众有能力、有兴趣地学习汉语、学习中国文化。以汉语语言教育为载体来实现不同文化体系中的传统文化传播，通过对国外民众进行汉语教学，可以将中国文化融入对外汉语教学的体系中，实现国外民众在学习汉语的同时，还能够学习中国的传统文化。当然，在对外汉语的教学过程中，要优化和创新教学方法，并且要根据不同文化体系的民众，明确认知习惯和接受需求，而后有针对性地开展教学。同时，国外民众学习汉语的目的不尽相同，有的是学习汉语要来华学习和工作，有的则是想通过学习汉语来增强自己的语言技能，有的则是要来华旅游等，所以在课程体系上采用模块化的方式，降低每个模块之间的耦合性，并且形成一个对外汉语学习的课程池，借助大数据分析技术来为不同民众设定不同的学习目的标签，同时将课程池的课程进行组合形成有个性化的学习内容体系，满足民众的学习需求。最后，对对外汉语教师的培育工作需要不断加强，尤其是对世界文化体系的学习、不同民族特征等进行培训，使其能够充分了解到不同学习汉语的学生思维特点和需求特性，只有这样才能够提高汉语教学水平，并且达到中国传统文化向不同文化体系下民众的传播，真正实现汉语语言教学为载体，推动我国传统文化的对外传播。

第四，利用互联网媒体来提升传播能力。以互联网为基础的大众传播媒介已经成为文化传播的海洋，互联网的传播与分享能力让不同文化体系下的各种载体作品或信息充斥在互联网中，为不同文化体系下的全世界的民众提供了一个学习其他文化的窗口。我国在开展文化对外传播的进程中，要不断地加强对互联网媒体的应用，积极培育互联网媒体也将是我国传统文化对外输出培育工作中非常重要的一部分。

（1）占领互联网话语权高地。互联网的信息传播和分享的能力非常强，并且互联网已经成为国际舆论争夺的新战场，如果哪个国家掌握了互联网的话语权，那么将会在国际舆论方面占据先机。对于我国传统文化的对外输出来说，占领互联网话语权高地意味着占据国际舞台舆论制高点，也将会对我国传统文化的对外传播起到非常关键的作用。所以，我国要提升互联网络的话语权能力，要为我国传统文化传播营造有利的国际舆论条件，并且摆脱我国被西方国家故意抹黑、歪曲误解的局面，促进我国传统文化的对外传播。

（2）规划我国互联网文化对外传播的发展战略。借助互联网来推动我国传统文化的对外传播是非常有效的传播途径，在当前文化竞争异常激烈，互联网也变成了各个国家积极竞争的舆论战场，我国在传统文化对外传播的过程中，也要积极地科学规划我国互联网文化对外传播的发展战略，从国家层面统筹地占领互联网对外传播渠道，从而形成我国传统文化对外输出的新载体。首先，把借助互联网推动传统文化对外传播提升到国家发展战略层面，促进我国网络文化发展的新战略形成，实现传统文化借助互联网实现文化振兴和对外传播，为文化走出国门提供行动指南。其次，从战术角度为互联网传统文化对外传播提供策略，从互联网资源整合的角度上，要对多元化的互联网传统文化资源进行统一梳理和整合，形成统一管理、统筹协调、功能互补、相互分工的对外传播新格局，从网络文化的扩展角度上讲，本着文化全球化的原则，我们要积极地在战略上取得网络扩展主动权，并且依靠多元化的互联网传统文化传播资源来对其他文化体系进行融合性、开放性地传播，从而有效调动互联网的资源来实现网络的有效扩张，从网络文化依托的文化技术上讲，我国要在"互联网＋"的概念上，实现大数据、云计算的强强联合，形成"互联网＋传统文化传播"的新局面，让互联网充分发挥自由的能效，促进互联网在我国传统文化对外输出方面的应用。

（3）发展新型网络文化传播媒介。根据世界媒体实验室发布的 2019 年世界媒体 500 强中发现，报纸等传统媒体在利益受益方面排行最后，已经成为上个时代的产物，而以互联网为基础的新型网络传播媒介则发展势头强劲，在世界媒体传播中占据非常重要的地位。我国传统文化的发展，要顺应时代的需求，通过大量发展互联网新型网络传播媒介来有效地让我国在信息时代占领传播载体的新市场，从而促进我国传统文化的对外传播进程。在当前信息时代，网络新媒体已经成为了一种新型的信息传播载体，无论是在传播性、影响力还是在受众交流互动等方面都是其他传播媒介无可比拟的。新型网络传播媒体的出现，不仅改变了人们传统接收信息的方式和习惯，更是催生了很多文化产业，极大地提升了我国文化传播的能力和影响力。以抖音短视频为例，该网络自媒体是字节跳动公司旗下的一款短视频自媒体 APP，由于其采用大数据智能算法，可以根据用户观看视频的习惯和爱好主动推送相关视频，从而满足受众的观看需求，不仅如此，以抖音短视频为基础更是催生了直播直销的商业新模式。抖音短视频不仅在国内成为自媒体 APP 排行第一的软件，而且在美国、印度等其他国家也成为非常受欢迎的 APP，而且下载安装量都与传统的自媒体软件相比拟。也正是该软件在国外产生的大范围的影响，导致其他国家直接从政府和法律层面来禁止国民使用该软件。由此可见，以现代高新技术为基础打造的网络新型自媒体在文化传播方面具有传统传播载体不能比拟的功效，所以我国需要积极地培育这样具有影响力和传播力的网络自媒体，只有这样才能在原有的民众基础上加大我国传统文化在不同文化体系下的传播。同时，为了保证我国传统文化的完整性，要积极地构建网络电子图书馆、网络博物馆、数字视频图书馆等多种形式的传统文化新媒体，并且要加大扶持网络自媒体的建设和发展，配合其他网络自媒体形成我国传统文化对外输出的网络新阵营，从而为我国占领网络舆论高地、传播中国传统文化、构建完善的网络新平台。

第五，加强对传统文化对外传播人员的培养。在我国传统文化如火如荼地对外传播的背景下，我国跨文化交际能力的人才是非常匮乏的，整体上看负责传统文化对外传播的涉外交流人员文化交际能力、外文翻译能力等不能满足当前传统文化对外传播的基本需求。我国传统文化在不同文化体系下的传播，翻译是非常重要的一环，也是实现我国传统文化"走出去""走很远"的关键所在，只有贴合输出对象国的用户接收信息习惯和思想观念，才能让国外受众正确地接收到传播的信息，所以对外传播人员往往需要有过硬的国际对外交往能力、外文翻译能力，并且对当前的世界形式、负责输出对象国家的基本国情甚至是当地文化的特征和精神核心都要熟悉，自身也要精通文化对外输出的基本规律和相关事务，但是我国传统文化对外传播人员的能力不足是普遍现象，这将会直接影响我国传统文化对外传播的效果和质量，所以加强对传统文化对外传播人员的培养也是非常关键的一步。首先，要通过体制机制加强对外传播人员的吸引和留存，让更多优秀的人才加入到文化语言翻译、对外培训和传播内容设计和实现等队伍中来，从而让我国传统文化的对外传播队伍更加壮大。其次，要加大对对外传播人员的其他文化体系和民族思想观念的培训，让对外传播人员能够对输出国更加了解，在文化语言翻译方面才能更准确更地道。

第七章　跨文化传播视角下中国传统文化走向世界的受众对象

文化传播的效果受两部分影响，第一部分就是传播主体的文化内容、传播技巧、传播载体，第二部分则是受众对象对文化传播的适应和接受程度，所以我国传统文化在不同文化体系的全世界范围内的传播，不仅要分析传播主体在内容、传播技巧和载体方面的能力，更需要分析不同文化体系下的受众特点和接收信息的习惯，要做到尊重受众、满足受众，根据不同的受众制定和实施不同的文化传播策略，只有这样才能从文化传播的接收端真正达到我国传统文化的对外传播的目标。

第一节　中国传统文化走向世界的受众对象分析

中国传统文化走向全世界的过程，是由我国传统文化的传播载体，通过运用输出对象所处的文化体系下的符号、媒介等将我国传统文化内容传递给输出对象国家的受众，并使其能够接受后得到反馈。所以，我国传统文化的传播，要充分认识到受众对象的特征和习惯，只有这样才能让受众完全接收到传播主体的信息而达到影响的作用。对于我国传统文化对外输出来说，完成受众对象分析非常重要，首先要弄清楚谁是我们的受众对象，然后再分析受众的差异性以及接收信息的习惯等，只有这样才能为后续设计专门的文化传播方案提供依据。

一、中国传统文化走向世界的受众选择依据

人类发展过程中造就了非常多的人类文明，而由于空间和时间的局限性导致了不同的人类文明存在很大的差异性，也让世界人类文明史变得更加多元化，这也是我国传统文化走向全世界的前提和背景。文化多样性是当前世界文化体系的客观现象，也是我国传统文化跨文化传播的客观条件，在不同文化体系下的民众，其自身的思想观念、行为习惯、思维认知等存在很大的差异性，这会增加我国传统文化对外传播的难度，但也是我国传统文化跨文化传播不得不面对的客观事实。

对于一个国家或民族来说，文化对其具有非常重要的意义，是该民族世世代代在自己的时空范围内面对各种自然现象、人类活动而形成的经验和思想结晶。根据马克思对人类学的相关研究发现，对于人类来说文化形成的时空包括三部分：第一部分是自然空间，也就是人们生活的地理区域、自然环境等环境构成的生存物理空间；第二部分是社会空间，是人与人在同一个自然空间内的人类社交活动的空间，往往是涉及人类之间的社交活动；第三部分是历史空间，是将社会空间再加上时间的维度，演变成一个四维的空间。人类生活的三个空间并不是相互独立，而是相辅相成，但是由于自然空间的限制，导致全世界人类的社会空间和历史空间产生了非常大差异性，使得同一个自然空间下的社会空间和历史空间的人类，形成了自己独特的精神思想和文化价值取向，这也是每个文化体系的核心，以及不同的文化体系之间最为关键的不同之处，继而形成了全球化文化的多样性。每个文化体系的核心，是每个民族长期在自己的空间内形成的独

特文化，是依附于当前民族所存在，每个民族内的每一个人都是因为自己所处民族的独特文化而形成自己的个性和状态，所以对于每个人来说，民族就是体现自己传承的文化思想的载体，也正是这个文化载体的不同，让不同文化体系下的民众在文化思想和观念上存在差异性，从而形成了全世界范围内的人类文明史的多样性。

当前，世界上多样性的文化体系让每个民族显得与众不同，联合国教科文组织发布的《世界文化发展十年》的报告中显示，按照地域不同当前世界上存在八个文化体系，即欧洲文化体系、北美洲文化体系、拉丁美洲与加勒比地区文化体系、阿拉伯文化体系、非洲文化体系、俄罗斯和东欧文化体系、印度和南亚文化体系、中国和东亚文化体系。从联合国教科文组织发布的八大文化体系可以看出，地域限制造成的社交隔离形成了不同的文化体系。当然，也有其他学者从国家发展和民族迁徙的角度来对全球的文化进行划分，例如美国哈佛大学学者塞缪尔·亨廷顿在其专著《文明的冲突与世界秩序的重建》一书中，对当今世界文化作了这样的划分：一是中华文明，二是日本文明，三是印度文明，四是伊斯兰文明，五是西方文明，六是东正教文明，七是拉丁美洲文明，八是非洲文明。

无论如何来划分全世界的文化，都可以看出在人类发展进程中，在全世界范围内形成了不同的文化体系，而处在不同的文化体系下的民众在精神思想、价值观、理性认知以及文化接纳习惯等方面存在非常大的差异性。不同文化体系下的民众，思维方式和信息接收习惯的不同，使得我国传统文化在跨文化体系下的传播的受众变得多样性，这也是我们为什么要分析传播受众的主要原因。以西方文化体系下的受众为例，与我国受众相比就有很大的差异性，西方文明可以认为是"动的文明"，而东方文明则被认为是"静的文明"，所以在一些认知和感受上也存在很大的差异性。因此，我国传统文化跨文化的传播，就要以受众的特点为依据，制定有针对性的传输策略，从而保障我国传统文化在不同文化体系下传播的有效性。

二、中国传统文化走向世界针对不同受众的传播理念

第一，以区域隔离为特征制定针对性传播策略的理念。由于受众所处文化体系的多样性，决定了我国传统文化对外传播的策略就需要有针对性，所以针对由于区域隔离造成的不同文化体系的传播受众，需要有针对性的传播策略，切忌不能全球一刀切，采用同一种传播载体、使用同一种传播策略、设计同一个传播内容。再加上每个国家和地区与我国的国际关系又存在很大的不同，所以这种"外外有别"的情况更是要求我们采用多样化、有针对性的传播策略，来保证我国传统文化在不同文化体系下的传播效果。我国学者吴瑛曾经对不同文化体系下的受众引起的我国传统文化传播效果不同进行研究，他认为由于不同的文化体系，我国传统文化在不同文化体系的区域进行传播效果存在明显的不同，而且同文化体系但是由于国家不同，对外传播的效果也存在不同，并且即便是同一个国家的受众由于自身的物质水平和精神层次存在差异性，导致的传播效果也是不同的。由此可以看出，不同的文化体系、不同国家、不同思想层次的受众，面对我国传统文化的对外输出将会造成传播的差异性，是我们后期传统文化对外输出不得不考虑的问题。

由于跨文化体系的国外民众差异性产生的传播效果不同，传统文化对外传播工作者不得不考虑受众的差异性而制定有针对性的传播策略，但是没有必要对所有国家所有地区的所有思想层次的受众都做到详细深入的研究并制定行之有效的计划，这样的实施不仅不现实而且还会浪费大量的人力物力财力，对于我国来说也是不允许的。所以，我国传统文化的对外传播，在对传播受众分析方面，可以选择几个具有共性和代表性的国家或地区，例如非洲国家、欧美的发达国家、阿拉伯世界国家等，这些国家因为地理位置阻碍低、国家交流频繁，所以文化背景、语言思想、行为习惯等存在非常大的相似性，对于这样的国家和地区采用针对性的传播策略从而

让对应区域下的受众能够最大限度地接受我国的传统文化。以非洲文明为例，非洲很多国家大都属于第三世界国家，继续快速发展，对于我国传统文化的传播，我们可以将中国特色社会主义核心价值观以及我国改革开放以来的治国经验作为传播的重点，并以此为基础带出我国优秀的传统文化核心思想和价值观，从而促进我国传统文化在非洲文化体系下的传播。所以，针对不同受众的接收信息的习惯和特点以及当前的文化需求，制定多样化针对性的文化对外传播策略可以有效地提高我国传统文化的传播合理性和影响力。

第二，开放融合互补共荣的理念。虽然全世界范围内存在多样化的文化体系，但是在文化碰撞过程中，只有抱有开放的态度，才能够相互融合、互补共荣。正如中华文明而言，儒家文化从孔子开始绵延传承了几千年，但是儒家文化本身具有执行力差、拘泥于形式的缺陷，也正是我国历史上多名开明的皇帝，例如北魏孝文帝等，抱着开放的态度去学习儒家文化，并将少数民族彪悍、直接的精神融入中华文明中，才造就了当前灿烂的中华文明。同样地，我国传统文化的对外传播，不能仅仅是我国优秀的文化思想影响其他文化体系下的受众，更重要的是不同的文化相互碰撞、融合而产生出具有现代价值的全新文化，这种互通有无、开放融合的文化传播理念，才能够弥补不同文化在当前新时代下的缺陷，才能够相互补充、相互促进最终共荣共赢、蓬勃发展。

不同文化体系之间的互补共荣，在其他人类文明发展史中也非常常见，例如希腊文化也曾经向古埃及文明学习，而罗马帝国也曾经借鉴希腊文明，欧洲经过暗黑的中世纪后到了文艺复兴的年代也曾经效仿拜占庭帝国，所以地域局限造就了不同的文化体系，而人类不畏大自然的艰辛开展的社会活动让全世界文化相互融合共同发展，才有了现代世界绚丽多姿、多彩多样的世界文化体系，正所谓"一花独放不是春，万紫千红春满园"，只有全世界文化抱着开放的态度相互交流，抱着平等的心态相互学习，只有这样才能够相互弥补而共同提升。如果面对不同的文化体系抱有强势、侵蚀甚至是毁灭对方的心态，那么势必会造成更大的冲突，甚至是灭亡。所以，我国传统文化在不同文化体系下的对外传播，传播了多少地区或国家不是关键，重要的是传播的质量，只有在当前新的世界格局下乘上中国对外交流和贸易的顺风车，充分让输出国的各个层次的受众都能够从内心接受，那么文化输出的质量将会上一个更高的台阶。

三、中国传统文化走向世界应侧重向普通民众传播

我国传统文化在不同文化体系下对外传播的目标，主要侧重于两个方面，第一，借助传统文化对不同文化体系的民众的影响力，可以让世界民众更好地了解中华民族思想、认识中国人民美好愿望。第二，中国传统文化提升中国的国际形象和话语权。所以，单纯地让传统文化走向全世界不是最终目的，更重要的是期望我国传统文化的对外输出而产生的影响力，为我国的发展创造更好的环境条件和国际地位，并且促进我国文化产业的快速发展。根据跨文化传播学家的观点，跨文化传播可以分为政府间的文化传播、学者间的文化传播以及普通民间的文化传播，而想得到我国传统文化在不同文化体系下的对外输出的最终目标，向普通民众的文化传播将会产生更加广泛、更加深远的影响。

正如我国学者郑永年所言，文化对外传播要让受众自愿接受，这样才能达到文化软实力的效果，如果对方受众不能够接受和信服这种文化，那么就没有形成软实力。这种让对方受众接受信服的效果，正是来自于普通民众的文化传播效果，如果单从政府和学者的角度来实现文化对外输出，产生的辐射力和影响力非常有限。当前我国传统文化在不同文化体系的对外输出的工作开展，"走出去"的环节已经在环境、政策、资金等多方面得到了前所未有的优越条件，当前中国的国际地位、各种国家政策和资金

支持、各种文化交流机会或平台等数不胜数，但是"走进去"的环节仍然是一个相对较弱的部分，需要我们从受众的角度看问题，需要以输出对象国的普通民众的层次为侧重点，根据分析普通民众的接收信息需求制定针对性的传播方案和策略，从而将我国传统文化在不同文化体系背景下"走进去"的环节做得更好，获得更多输出对象国普通民众的信服力，扩大文化对外输出的效果和影响力。

第二节　中国传统文化走向世界的受众对象定位问题分析

一、对受众对象差异化分析不彻底

当前，我国在传统文化走出国门的投入力度比较大，各种传媒载体、文化传播交流平台及团体组织的建设扶持都非常到位，可以说我国传统文化走出国门的环节已经比较完善，但是在走出国门后，如何很好地"走进去"不同的文化体系下的受众群体中，还存在很多问题，尤其是对受众对象差异化的分析不彻底，导致对待不同文化体系、不同国家、不同层次的受众区分不到位，传统文化"走进"不同文化背景和思想水平的受众心里的效果还欠佳。

以饮食文化为例，不同文化体系、不同国家的受众在饮食习惯上有很大的差异性，例如伊斯兰国家的受众不吃猪肉、美国受众不吃动物内脏和过于辛辣的食品、波兰人不吃清蒸的食品，等等。由于我国饮食文化传承了几千年，不同菜系博大精深，对于食材没有太多的挑剔，很多食材都能够做成非常美味的菜品，甚至某些菜系下有一系列的菜肴来烹调这样的食材。如果我们不分析受众的习惯和文化背景，将中华饮食文化一股脑儿地推出国门，那么在输出国不会被受众所接受，甚至会产生不良的影响。

　　我国传统文化在不同文化体系中的传播方式选择上，也要充分考虑受众的情况，例如常见的以文化贸易的方式来加速文化交流和沟通在欧美国家比较常见，但是对于中东阿拉伯国家来说就显得不太适合用大规模的文化贸易方式来推动我国传统文化的传播。一方面，中东阿拉伯人由于其脆弱的经济基础导致文化需求相对较低，他们大都迫于生计无心顾及文化层次的需求，更别说去接受外来的文化内容；另一方面，从阿拉伯人的精神层面上来讲，他们更倾向于免费获取文化产品，而不是通过购买的方式，所以文化贸易对于中东阿拉伯国家就显得不太适合。

　　从受众需求的角度上来看，文化具有很强的民族性，每个国外受众在其民族团队下长期受到该民族的价值观的影响和前辈精神思想的传承，受到国家对民众的行为规范要求的约束、受到社会和家庭的语言和行为的熏陶，其民族性文化已经成为了内在固有的不可剥离的一部分，我们在选择不同文化体系下的文化输出元素时，不能将所有的元素倾囊相授，因为涉及民族固有思想属性和国家根本的文化往往是最难撼动的，也会对输出对象国造成非常恶劣的影响。处于对受众需求的考虑，我们要选择具有市场普适性和现代价值的文化，只有全世界都需要的中华文化，才是真正的属于全世界的文化。只有选择这样的文化元素，才能真正满足输出对象国的文化市场需求，才能激发国外受众的接受兴趣，真正深入人心产生更加深远的影响。

　　但是对受众对象差异化分析不彻底一直困扰着我国文化宣传和输出效果，正如沈苏儒先生所言，中国文化博大精深而又源远流长，但并不是所有的文化元素都值得其他文化体系下的受众去学习和借鉴，只有真正匹配受众习惯、满足受众需求的文化元素，才具有在不同文化体系下对外传播的意义。所以，我国传统文化对外传播在受众分析方面仍然需要加强，根据不同文化体系下受众特点有分析、有选择、有侧重地选择合适的文化元素，只有这样才能真正让中国传统文化"走进"不同文化体系下的受众心中，达到预期的文化传播效果。

二、对受众对象的文化接收习惯了解不透彻

我国传统文化在不同文化体系下的对外传播，要提高文化传播的有效性，才能体现出我国传统文化走向世界的效果，才能实现我国传统文化跨文化传播的目标。但是由于受众的差异性，我们目前对文化输出的受众在信息接收习惯方面还不够了解，导致文化对外传播存在很多误区。纵观我国传统文化的传播，虽然传播内容上已经逐渐体现出优秀传统文化的核心及其在中国特色社会主义核心价值观中体现出的现代价值，但是在传播方式上仍然走传统文化宣传的老路，甚至有不少文化宣传工作者仍然走计划经济时代的文化宣传老路。这种单向的、空虚的宣传方式已经不能满足当前互联网时代人们的信息接收习惯，由于现代受众对象的素质已经有很大的提升，在信息需求方面也存在多样化的需求，并且更多的受众习惯于主动参与到信息传播过程中，习惯主动去筛选、评价、传播信息，而以往的文化宣传模式很难让当前的受众产生兴趣，很多文化宣传和传播的内容容易失去应有的价值和意义。此外，一些文化工作者在报道时往往会避实就虚地"报喜不报忧"，并会加入一定的感情色彩，这种带有偏向性的报道虽然能够收到一定的效果，但是国外受众往往由于自身文化背景的差异而导致对这样的信息产生厌恶心理，反而会降低国家的国际形象。

三、文化传播手段单一，对受众对象的"迎合性"不强

除了在受众差异化、受众对信息接收习惯方面分析不足之外，文化传播手段单一而丧失的受众迎合性，导致对受众吸引力不强也是我国传统文

化对外输出的主要问题之一，所以我国传统文化在不同文化体系下的对外输出，在输出过程的本地化进程中仍然有很长的一段路程要走。我国传统文化对外输出的本地化过程，需要坚持的是我国传统文化的特有的思想和价值观，需要在传播方式、技巧等方面来满足受众的需求和信息接收习惯，不能一味地为了本地化而丢弃了我国传统文化的价值，这样将会让传统文化走出国门变得没有意义。我国传统文化对外输出，对于受众的迎合性方面，首先要按照受众的信息接收习惯来设计传播方式和传播技巧，而后将表示中国特色文化的精神内涵进行包装，例如功夫、京剧、中国汉字、唐装，等等，配合西方受众的猎奇心理来加快中国传统文化的传播。当然，在迎合性上面也要把握度量，应该首先深挖传播内容的艺术内涵和中华传统文化的精神精华，而后积极地引导国外受众到富有中国特色的处世哲学、道德观念等方面上来，从而配合专门的传播技巧，来吸引国外受众的关注度，提高文化传播质量。

第三节 实现中国传统文化走向世界的跨文化传播原则分析

我国文化对外输出已经提升到国家战略的层面，为了确保我国传统文化对外输出的有效性，需要基于一定的对外输出原则，来确立有效的战略思想和战略方案，并且按照预设定的战略目标来制定专门的对外输出策略。所以，我国传统文化在不同文化体系下对外输出，确立跨文化传播的原则非常关键。不同于西方发达国家，长期处在社会主义初期阶段是我国的基本国情，并且社会制度的差异化也让我国在传统文化对外输出方面坚持一定的原则，只有这样才能坚持中华民族的文化精髓，保持我国特色社会主义的本色，实现我国传统文化对外输出的目标，体现我国文化输出在增进国家了解和友谊、文化融合和相互促进的价值。

一、"广播"与"窄播"相结合的原则

美国著名国际政治学者、哈佛大学肯尼迪政府学院教授约瑟夫·奈曾经说过:"软实力传播既要广播,又要窄播",这句话的核心思想对于不同国家的受众特点,要有针对性的文化输出方案,并且要实现"广播"和"窄播"相互结合的方式来开展。所谓"窄播",就是把大众的传播方式变得"更窄",更加具体和针对到某一类受众特点的"小众"身上,只有这样才能让受众对传播的文化不排斥、易于接受并逐渐产生影响力。所以,我国传统文化在不同文化体系下的传播,在坚持大众传媒的平台上也要注重受众的个性化需求,要充分考虑到不同文化和国家对受众的影响力,不同阶层、领域和类型的受众接受文化的差异性,只有这样"广和窄"相结合,才能有效提升文化传播的有效性,提高我国传统文化对外输出的辐射力和影响力。此外,在"广播"和"窄播"相结合的基础上,还要充分考虑受众的民族或宗教信仰,这也是受众在思想差异化的一种表现,也是我国传统文化在不同文化体系下对外传播必须注意的一点。由宗教信仰差异性导致的受众差异性,往往会比其他方面的差异化带来的影响更大。我国尊重各种宗教信仰,不会让一种文化消灭或替代另外一种文化,更不会让文化对外输出去侵蚀他人的宗教信仰,只有充分考虑受众特点,尊重受众差异性,精挑文化传播内容,实施差异化的传播方案,这样才能实现传播有效、影响有力的文化输出效果。

二、迎合当代民众的原则

不同的文化背景和信息接收习惯所造成的受众差异性,对于同样的外

来文化产品或现象，所产生的反应也会存在差异，尤其是在不符合当地民众用户习惯、没有迎合受众需求的文化输出，势必会造成水土不服的现象，传播的效果和产生的影响力会非常差。国外民众迎合性较低是我国传统文化在不同文化体系下对外传播的不足之处，也是我们需要改进的地方，在对受众进行分析和定位时，要充分考虑受众的兴趣点和主要文化需求，并按照贴近受众生活、符合受众接收信息习惯、匹配民族精神和信仰、激发受众兴趣的传播方式来实现我国传统文化的对外传播。例如，京剧、昆曲都是我国曲艺文化的瑰宝，但是如果一个地区的受众更能够接受昆曲的表现形式，那么在对该地区的民众传播方式上，就需要迎合他们的兴趣点，可以适当增加昆曲内容、借鉴昆曲的表现方式等来实现文化输出，从而达到较好的传播效果。

三、雅俗共赏的原则

美国著名国际政治学者、哈佛大学肯尼迪政府学院教授曾将文化划分为雅文化和俗文化两类，同样地，我国传统文化中包含了非常多的雅文化和俗文化，例如中国儒家文化核心思想衍生的中国特色社会主义理论等，偏向于大众口味的相声、喜剧影视作品等。当然，在统一文化体系一国家内的不同层次的受众，对于文化的品位和要求也不一样，一般来说社会经营层更偏向于"阳春白雪"的文化、艺术等，而普通大众则喜欢通俗易懂的影视作品。对于我国传统文化对外输出来说，传播我国传统文化的核心思想并达到一定的传播效果是关键，所以要考虑不同层次受众的雅俗需求，通过走"雅"中有"俗"、"俗"中带"雅"的结合路线，达到雅俗共赏的文化传播效果。

雅俗结合有非常多的组合，对于我国传统文化的对外传播，是指在内容上要"雅"，要选择体现中华民族的价值理念和追求的高雅内容，这是最能体现我国传统文化的魅力并对国外受众产生深远影响力的关键；在传播形式上要"俗"，通过尊重国外受众风俗、信仰和习惯，激发受众接受兴趣的传播方式，用通俗易懂、轻松欢快的方式来传输中国传统文化的核心价值观，从而让国外民众都能轻松地了解并掌握文化传播的内容。

四、增进交流和理解的原则

不同地域之间的人类活动频繁也是近两百年的事情，在漫长的人类发展进程中，地域阻碍造成的人类沟通交流活动限制形成了不同的文化体系，更是让不同地区和国家的民众在思想价值观、处事方式和习惯等方面存在明显的差异，从跨文化的传播学角度上看，这就是文化体系之间的"文化鸿沟"，不同文化体系下的民众在面对其他外来文化，无论从内容上还是从形式上，都会产生巨大的"文化震撼"。我国始终坚持开放融合、互补共荣的思想，在传统文化的对外输出方面本着增强交流和理解的原则，要尊重不同文化体系不同国家和地区的民众之间的特性，要克服现有的文化体系之间的文化鸿沟所带来的对外输出阻碍，通过针对性的传输方案和策略来降低文化震撼所带来的影响，从而增强不同文化体系间的受众对中国的理解和认知，增强文化交流，促进全世界文化的共荣发展。

第八章　跨文化传播视角下中国传统文化走向世界的总体对策

作为一个文明古国，我国拥有非常丰富的传统文化，这不仅是我国的瑰宝，更是属于世界的财富。为了能够让传统文化走向世界，实现我国传统文化的传播与发展，我国必须制定一个完全的、科学的传统文化跨文化传播世界的战略，找准我国传统文化跨文化传播战略基础、构建宏观和微观的传播策略，继而实现我国传统文化走向全世界。

第一节　找准跨文化传播战略基础

一、坚定文化自信

文化自信是我们对我国传统文化的信任，更是对我国传统文化的尊敬，而我国传统文化走向全世界的战略基础之一，就是需要我们坚定对我国传统文化的自信。

文化自信是我国传统文化走向世界的前提，国民如果对自己的传统文化都提出质疑，何来让传统文化向世界传播。正如习近平总书记所言，我们要坚定不移地保持对我国传统文化的自信和尊敬，加快中外文化的交流。所以，坚定对传统文化的自信将是推动我国传统文化走向世界的基石。文化自信对于中国传统文化走向世界来说，是一种坚定不移的支撑和基石，尤其是在当前世界范围内，文化冲突和交流不断，文化融合和消亡更是越来越频繁。中国作为四大文明古国之一，作为唯一一个文明古国文化仍然绵延流传的国家，我国拥有非常独特而又源远流长的传统文化，在中国大基数的国民支撑和骄傲的民族荣誉感下，对传统文化的自信将使我国传统文化在世界站稳脚跟。也只有这样，才能真正形成在全球范围内的我国传统文化的自信，乃至是优越感。每一个中华儿女要正确地认知自己的传统文化，对其呈现出的文化价值要有正确的判断和定位，要树立对我国传统文化的信任和尊敬，逐渐形成对我国传统文化走向世界繁荣发展的自信心。此外，每个中华儿女有责任也有义务去学习并挖掘具有我国特色的优秀传统文化，并跟随时代的发展和进步，逐渐精练出独特的当代新文化，从而丰富我国传统文化的内涵及意义，也为形成文化自信、推动传统文化向世界传播奠定坚实的基础。

二、加强政府重视

文化自信是我国传统文化走向世界的前提，但是想让传统文化走向世界，离不开我国政府的重视和支持。纵观当前世界上流行的国际文化，与该国政府的重视和支持往往是分不开的，只有国家政府作为文化传播的坚强后盾，国家文化才能更快、更好地向全世界传播，只有国家政府在传统文化跨文化传播发展战略的顶层设计、具体形式界定以及具体策略制定和实施下功夫，才能真正实现传统文化跨越不同的文化背景和界限，向世界传播。

从当前文化发达国家的经验上看，政府的重视和干预推动了文化向世界范围的传播，也为该国的经济发展、提高在国际上的地位等奠定了良好的基础。我国的传统文化在不同的文化背景下向世界传播，整体上看存在起点低、开始晚的不足，并且当前文化市场不断发展，全世界的人们对文化的要求非常高，这就要求我国传统文化要站在一个非常高的站位和起点来打入全球的文化市场，这也是我国实现中国梦、强国梦的基础。我国政府要站在战略的角度，从国家宏观到微观，从上层设计到底层实施，都需要下大力度来制定行之有效的战略和策略，通过制定详细的计划、操作性强的实施方案，政府、企业、国民共同协力才能实现传统文化走向世界。近些年，我国在传统文化向世界传播实现文化强国的战略目标上开展了一系列措施并开拓了一系列的文化交流途径，例如建立孔子学院、创办我国文化中心，等等。这些措施都是在政府的重视和领导下取得的成果，让世界能够了解我国传统文化、学习传统文化，为实现文化强国实现中国梦奠定基础。

三、提升综合国力

强大的综合国力是当前国际上政治、经济、文化等活动的基础和前提，如果一个国家综合国力比较弱，其在国际上的地位不会高，其政治经济的推动和发展更是受到种种限制，更何谈文化走向世界让世界所接受。综合国力的强大，为传统文化跨文化传播奠定了基础，也是传统文化走向世界提供源源不断动力的来源。虽然说一个国家的文化如果对其他民族文化体系下的民众产生兴趣，那么其传播的范围和力度就会比较好，但是这种情况非常少，尤其是在跨文化传播的情况下，民族文化差异往往很难引起其他文化体系民众的兴趣。所以，一个国家的文化传播力度和范围往往是与其综合国力挂钩，比如一个国家的语言是否在全世界流行，往往受该国的经济、政治、军事等国家综合实力的高低所影响。以我国唐朝为例，在盛唐阶段，唐朝文化一度风靡全球，更是出现万国来朝学习唐文化的繁荣场面，在盛唐阶段我国综合国力异常强大，在政治、经济、军事等多方面一直走在世界的前列，其雄厚的经济实力、强大的军事力量为唐朝文化的传播提供了保障。物质的成功让思想文化更具吸引力，只有在强大的综合国力构建的物质基础的前提下，文化传播才能更具长久性和坚韧性。我国当前已经成为全球的第二大经济体，政治、经济、军事等多方面也都排在世界的前列，这都为我国的传统文化在不同民族文化背景下的全世界范围内传播奠定了良好的基础，也是我国传统文化在跨文化传播视角下难得的一次机遇。为了能够让我国传统文化在世界范围内产生影响力，我们只有不断地加大经济发展力度以提升综合实力，从而为我国传统文化实现跨文化传播打造一个坚强的后盾。

第二节　构建微观策略

一、深度挖掘传统文化的现代价值

我国是一个具有上下五千年历史的文明古国，传统文化异常丰富多彩，这为中外文化交流促进我国成为文化强国奠定了良好的基础。但是，在我国传统文化中仍然存在不少封建糟粕，例如男尊女卑、等级观念、迷信等，这些都是我国传统文化的糟粕，也是阻碍我国传统文化走向不同文化体系的阻碍。为了能促进我国传统文化实现跨文化体系在世界范围内广泛传播，深度挖掘传统文化中的现代价值，为全世界呈现出一个丰富多彩的文化瑰宝。对于我国的传统文化，首先要进行科学梳理、去除糟粕、保留精华，而后把精华的部分进行创造性地转换和传播，使其更具有现代社会的文化价值，只有这样才能让我国传统文化更具吸引力，在跨文化传播过程中更具传播性和影响力。例如，对于我国浩瀚的传统文化进行整理，选择出更具吸引力的民族节日丰富习惯等，深度挖掘中华民族尊老爱幼、吃苦耐劳、勤奋努力的思想，把一些封建迷信、等级观念等进行合理有效的摒弃，从而实现准确适度地利用中华传统文化，提升当前我国在国际上的文化地位，为提升我国整体的国际影响力、实现传统文化跨文化传播提供坚实而有力的保障。

二、实行针对性的输出策略

坚持对外开放，实现我国传统文化跨民族文化在全世界范围的传播，是我国改革开放在文化方面的目标。当前世界民族文化非常丰富，多样化的文化在其民族领域乃至全世界范围内大放异彩。我国传统文化如果想在跨文化体系的背景下实现全世界范围的传播，就必须依附于传播地的民族特征和文化特点，只有充分考虑传播地自身民族秉性的迥异特性及其民族文化的本质，才能够有效地实现我国传统文化在该地域的传播、影响和发展。正如毛主席对宣传部委所说的那样，宣传的内容是单一的，但是宣传的方式是万变的，在宣传之前要想一想自己宣传的对象有哪些，宣传的对象有什么特点，如果没有调查清楚自己的宣传对象就乱讲一通这是万万不行的。所以，我国传统文化实现跨文化体系的传播，就要针对不同的传播区域，充分考虑其国家或地区差异性，考虑其民族的特征和自由文化的本质，而后制定针对性的传播策略，这样才能够有效地在该区域内进行传播，而在跨文化体系下全世界范围内的有效传播，则要求传统文化传播的战略定位要实现多样化、针对性的传播策略，只有实行针对性的传播策略，才能够让不同文化体系下的国外民众更容易、更轻松地理解我国的传统文化，实现每个国家每个地区的受众都能够对我国传统文化听得懂、能接受、学得会、易传播，最终实现传统文化在不同民族文化背景下的全世界民众贴切地、无缝地理解并接受传统文化，并影响周边的其他人，继而实现在不同文化体系的影响与传播。

三、构建符合国外受众的传播方式

我国传统文化在跨文化体系下的全世界范围内的传播，对于国内来说是比较轻松的事情，大多数的国人对于我国传统文化从小就耳濡目染，所以我国传统文化在国内的传播非常容易，只要进行正规的宣传和常规的教育，就能够实现我国传统文化在国内的传播。但是在不同的文化背景下，我国传统文化实现跨文化体系的传播，就需要打破国外受众对我国传统文化的各种阻碍，实现内宣到外宣化转变，这样才能够实现我国传统文化无国界地对外传播，这也是我国传统文化跨文化体系传播的特点和要求。我国传统文化要向全世界传播，前提是构建符合国外受众的传播方式，这也是让国外受众了解我国传统文化的基础。但是，我国国内的新闻话语体系与国外的新闻话语体系存在差异，所以构建适合国外受众心理需求的传播方式势在必行。

构建符合国外受众的传播方式，对于我国自身的政治思想和意识形态不会做出变化，而是在传播方式上，借鉴国外新闻话语体系的表达方式，实现针对国外地区的传播有效性，从而实现传统文化在跨文化体系的传播时既能保持我国固有的传统特色和现代思想，又能够满足当前国际上主流的文化传播潮流，以客观真实、丰富多彩的宣传方式，实现"我国文化国际表达、我国故事国际叙述"的传播策略，让国外受众能够以更加贴近生活的方式来了解我国的传统文化，从而让我国传统文化的现代价值观能够实现有效的传播并产生广泛影响。

四、划分我国传统文化的传播层次

对于我国文化来说，无论是现代文化还是传统文化，按照当前比较流行的文化传播理论来说，可以分为不同的层次，例如有包含民族风俗、生活习惯的大众化文化，包含哲学思想、尖端科技、地方宗教、民族艺术特色的高级文化，集体价值观、特色的社会组织、集体行为准则等深度文化等。不同层次的文化，对于其他文化体系的受众来说，越是高级、深层次的传播文化，就越难以产生深层次的影响，传播范围也是越有限，反而更需要操作性强、时效长的传播策略来达到传统文化传播的效果。对于我国的传统文化在不同文化体系的传播，可以分为表层文化和深层文化的层次，并且基于不同的文化层次开展环环相扣、相辅相成的传播策略，达到我国传统文化在不同文化体系的全世界范围的传播。第一层为表层文化，包含了语言、民族风俗、特色艺术、特色食品等，这些如常见的著作、民族符号等，对于传统文化传播来说更容易让其他文化体系下的民众所接受。第二层为深层文化，包含了中华民族的特色思维方式、民族信念、价值观等，深层次文化属于我国传统文化的思想瑰宝，更多的是包含了一个民族下的价值观和核心思想，深层文化是我国传统文化在不同文化体系的世界范围传播的重点，需要依附于第一层文化的内容，两者相辅相成，并且需要在潜移默化中让国外受众来理解、接受我国特色文化，从而增强我国传统文化的传播效果。

第三节　搭建宏观体系

一、提升"中国模式"的魅力

"中国模式"是全球范围内独一无二的国家发展模式，我国能够在一穷二白、百废待兴的状态下，利用 30 年的时间让我国六亿人走出贫困，足以证明中国模式的正确性。不同于西方发达国家的发展模式，"中国模式"采用的是和平发展、和谐共赢的模式，自身国家的发展和经济增长并不依赖于损害他国的利益，所以对于很多发展中国家来说，中国模式具有非常大的借鉴意义和参考价值。对于中国模式的评价，很多国家领导人也都有非常高的评价，例如阿富汗前总统卡尔扎伊曾言，如果阿富汗能重新选择，一定会选择以结果为导向的、决策果断且行动高效的中国式发展道路。此外，中国模式在非洲也是遍地开花，埃塞俄比亚的成功和发展就是一个借鉴我国发展的典范，通过对中国模式的借鉴，埃塞俄比亚的经济和综合国力都有了非常显著的提升，正如埃塞俄比亚驻华大使塞尤姆·梅斯芬在 2016 年接受《二十一世纪经济报道》采访中所言："中国能够在短短 30 年让六亿人成功脱贫，而我们的国家渴望发展和改变，不跟中国学习还能跟谁学习呢？"从当前世界格局和中国模式的影响来看，中国特色的发展模式对于很多发展中国家来说具有很大的借鉴意义，而这个先天的优势更是带动我国传统文化发展的基础和驱动力。随着中国模式影响范围的不断扩大，我国的国际影响力不断提升，很多国外民众对我国的关注和了解也越来越深入，这为我国传统文化的发展提供了很好的平台，借助中国模式的魅力，让越来越多的外国公民能够感受到我国文化的魅力，认同并学习我国文化，从而让我国传统文化走向不同文化体系下各个世界角落。

第一，彰显"中国模式"的现代进步性。"中国模式"的发展本身就具有与时俱进的特点，是根据当前不同的国内发展状态和国际形势而制定的科学高效且行之有效的发展战略，不仅对我国国内的经济发展起到了很强的推动作用，而且改变了世界范围内的发展观念，自身体现的现代文明的进步性对于当前很多寻求发展模式的国家来说具有很大的吸引力。我国是当前世界上最早提出经济可持续发展战略的国家，纵观"中国模式"的核心内容，自改革开放以来，我国就坚持经济发展与环境生态和谐发展的战略理念，核心思想是在大力发展当代人的经济发展和综合国力的前提下不能破坏子孙后代的良好环境。国家更是提出了一系列的发展新理念，包含了可持续发展战略、科学发展观、和谐发展理念、经济新常态下的经济发展理论等，这些都为"中国模式"与时俱进地体现现代文明进步性的重要佐证，而每一次经济发展战略的提出，都在国际上引起广泛的关注和影响，也被国内外的学者、媒体等评价中国模式是对全人类发展具有非常重要的实用意义的发展战略和思想理念。中国模式让我国能够和平快速地发展，在实现我国现代化建设和中国梦的过程中，我国也在积极地寻求合作伙伴实现人类命运（利益）共同体的构建和发展，从而在追求和谐和平、共同互利的发展模式实现全世界的和谐发展。对于全世界的发展来说，"中国模式"做出了不可磨灭的贡献，也颠覆了世人对西方文化的推崇和认知，为全世界的和平发展带来一场"革命"性的变化，对于世界未来的发展意义重大。

第二，提升"中国模式"的借鉴价值。"中国模式"的发展，不能仅仅为其他国家带来关注点和讨论点，更多的是要为发展中国家提供可借鉴的价值，这样才能够让更多的国家来真正关注"中国模式"、学习"中国模式"，这也是"中国模式"真正提高国际影响力的关键。从我国自身几十年的经济发展模式来看，"中国模式"给予全世界最直接的借鉴价值有：①立足本国基本国情，寻求适合自身经济发展的模式，坚决避免盲目抄袭和照搬。我国自中华人民共和国成立开始到改革开放前，也存在一段发展时间，在发展模式上也存在抄袭和照搬的现象，同样也造成了十几年停滞不前的问题，这是我国血与泪的发展所得到的经验教训。②甄别和选择他国的发展经验和成果，不可囫囵吞枣全盘接受。每个国家的国情和民族特性存在差异性，他国的经验可以借鉴，但是要有分析甄别和有效选择，甚至是基于他国的经验进行创新和优化，只有适合自己发展的模式才是真正有效的模式。③有条不紊、循序渐进，稳中求发展。我国的经济发展一向是先稳再进,稳中求发展是坚持不懈的理念和思想,这也是为什么我国经济能够持续保持高速增长进而成为世界第二大经济体。"中国模式"的发展模式已经在全世界范围内被借鉴甚至复制,例如苏东各国反思并改变激进的改革模式,非洲各国复制"中国模式"促进本国经济的长足发展,亚洲各国也都在积极地研究"中国模式"并从中选取适合本国发展的点,拉美、中东等国家和地区也都积极地关注"中国模式"来促进本国的经济发展。我国的成功让世界关注中国发展模式,而"中国模式"被世界关注极大地提高了我国的国际地位和话语权。这些反过来为我国传统文化的传播和影响带来了非常大的机遇,也为不同民族文化体系的世界公民接受我国传统文化、学习我国传统文化奠定了基础。

第三,完善"中国模式"新的价值理念。西方欧美国家的发展模式一直被视为工业时代典型的发展模式,但是其在自身发展过程中不断地爆发各种经济危机、次贷危机以及各种经济发展困境也暴露出西方发达国家发展模式的不足之处。越来越多的西方欧美发达国家在本国发生各种危机、经济发展困境之后反思和审视欧美发展模式,分析其经济发展模式在新时期为什么频频出现各种不适应。与此同时,西方欧美国家也在寻求新的发展模型,并且逐渐加大对我国发展模式的关注度,认为并没有发生过经济危机并且经济增速一直很稳定的中国发展模式下,必然有弥补西方欧美国家发展模式中缺少的东西,并且期望能够从"中国模式"中寻求新的发展思路。通过对中国模式的研究,很多西方的学者从中国模式中寻找到了"中国模式"成功的诀窍:我国特有的文化制度和价值内涵,糅合了我国经济发展模式,我国传统文化下熏陶出的和谐共赢、协作互利的思想,弥补了经济模式下单纯发展经济的思想不足,让我国经济的发展更加人性化,从长远角度发展反而促进了我国经济的长远发展。"中国模式"下的我国文化思想恰恰是西方发展模式的不足,同时也是西方欧美发展模式下的道德价值缺陷,西方国家让市场经济自行发展促使更多的资本家过度追求经济发展反而与新时代下思想发展格格不入，必然会激发更多的矛盾和危机。"中国模式"是否成功，可以从我国当前的社会水平、生产力水平以及人们的物质生活水平去衡量，从生产大国到制造大国再到"智造"大国，从一穷二白到国民脱贫，我国一切的变化都在佐证"中国模式"的成功，并且从社会学的角度看，"中国模式"不是固定的范式，而是与时俱进、不断自我修正和完善、不断学习和创新的典型，这也是推动我国不断发展的核心，也正是西方国家可以借鉴的价值理念。

第四，总结"中国模式"的推广价值和经验。只有可以被借鉴和复制的发展模式，才能够被称为全球范围内的成功模式，而一个具有国际影响力的大国，其可以在全球范围可借鉴和推广的价值理念和发展模式也是其产生国际影响力的具体表现。"中国模式"能够被其他国家借鉴、参考和复制，从某种意义上讲"中国模式"具有全世界范围内的"共享价值"，而作为"中国模式"的发明国和拥有国，对于该模式的定义和解释的权利，正是新型国际大国的具体表现，我国应该将从改革开放到现在的发展经验和教训进行总结，形成在全球范围内可以推广的"中国模式"发展经验，只有这样才能真正成为当前新时代的大国强国，才能真正在全球范围内产生巨大的影响力和号召力。"中国模式"的成功经验，无论从思想观念方面还是从发展战略方面，都是值得在全球范围内进行推广和宣传的，可以被总结为全世界范围内的人类共享价值，也是中国贡献给全世界人类发展史上最为宝贵和精彩的经验。"中国模式"下的中国特色社会主义发展道路是"中国模式"发展的具体实践，如果可以从学术和文化角度将"中国模式"进行全世界范围的推广和宣传，势必会让其他国家在政治观念和国家发展道路上进行借鉴和创新，从而真正提高其他国家的综合国力，提升全世界人类的整体实力。当然，我国在这一方面还有很长的路要走，借助我国传统文化实现跨文化体系的全世界范围内的传播只是第一步，我国只有不断地加强文化软实力的建设发展和传播，才能够共享"中国模式"的成功经验，将"中国模式"的经验成功推广到其他国家，为人类史的发展贡献我国力量。

二、融合对外援助的渠道

作为一个国际大国，我国在国际上的行为一直都是大国担当，无论是植树造林、节能减排，还是国际政策的制定和支持，我国一直走在世界的前列。对外援助就是我国常见的一种大国担当的形式，在经济政治文化、物质生活、基础建设等诸多方面都给予其他国家援助和支持。对外援助使得我国在其他国家和地区获得了良好的声誉和支持，这也为我国传统文化的输出和传播提供了新渠道。为了能够实现我国传统文化在不同文化体系的广泛传播，借助对外援助的渠道可以将我国的传统文化思想和理念、"中国模式"的治理经验等进行传播，从而极大地促进我国向文化输出强国的方向发展。

第一，借助对外援助提升文化传播的渗透力。我国通过中国特色社会主义的发展模式使得综合国力和国际影响力都有了显著提升，并且我国独特的思想文化和意识形态对于其他国家来说也是极具感染力，所以其他国家也会争相效仿，由此则会极大地提升我国的国际地位和号召力。对外援助正是一个国家综合国力的具体呈现，也是展现国家文化思想和民族特性的过程。借助对外援助构建的沟通平台和打通的传播渠道，将我国的传统文化进行对外传播，从而影响他国民众的意愿，逐步提升我国的传统文化在其他文化体系的影响力，提升我国在国际上的话语权。

法国哲学家米歇尔·福柯曾经说过：一个国家在国际上的话语权由其权利来决定，而"话语权"的展现则是真正的权利体现，话语方式建构性地塑造了国家权力。所以，一个国际上具有话语权的大国强国，其必须拥有一定的国际地位和控制权力的能力，尤其是在当今世界，话语权更是制造舆论、控制舆论的能力，只有真正在国际上掌握了话语权，才能够为塑造自身良好的国际形象、主导国际事务赢得控制力。对外援助是一个国家彰显自身对外软实力的方式，更是获得国际话语权的关键途径。援助国通过对外援助的方式来让受援助的国家政府和民众收到物质、文化、技术等多方面的帮助，继而接受并学习该国的语言、文化，了解社会制度等，这些不仅是让受援助国对援助国越来越拥有好感，同时也会赢得受援国的国际声援和支持，提高援助国的国际形象和地位，提高其他国家的认可度和支持度，国际话语权自然也会形成。在拥有了一定的国际地位和话语权之后，援助国的文化传播也会顺理成章，在对外援助展现软实力过程中，援助国的优秀文化也随之传播，他国的政府和民众也会逐渐接受并学习援助国的文化，自然而然地产生文化的传播效应，对受援助国的文化产生影响。我国自中华人民共和国成立以来就对他国进行援助，特别是21世纪以来，更是坚持"以经济建设为主导，注重提升软实力"的对外援助的方针，从而不断提升我国的对外软实力，尤其是我国不断加大国际发展援助和人道主义援助力度，这些都为树立我国在国际上的大国形象、消除西方国家制造的"中国威胁论"的影响起到了非常关键的作用。我国的对外援助政策一直以"和谐、共赢、合作、发展"的战略方针，以"务实、自信、积极、开放"的态度进行双方的合作与发展，"负责任大国"的形象也不断形成和强大，借助对外援助的渠道，我国的国际影响力不断提升，国际话语权也不断增大，这些都为我国传统文化在不同文化体系的传播增强了渗透力。

第二，借助对外援助传播我国价值观。对外援助的方式多种多样，不仅包括资金、物质、基建等物质援助，还包括技术、培养、文化等"软援助"，而这些软援助的方式恰恰是增强我国国际魅力、传输我国价值观最有效的方式之一。近些年，我国在加强对外物质援助的同时，也在不断地增强软援助，例如开展技术输入和人才培养援助、医疗援助等，这样不仅彰显了我国的大国风范、体现了我国的大国担当，提升了国际地位，而且还能够在受援国增加一批对我国具有深厚感情的人士，比如接受培训的专业人士、接受医疗援助的普通民众，从而搭建了让更多的人了解我国价值观的渠道，奠定了我国传统文化对外输出的民意基础。当前，我国的软援助的形式多种多样，甚至在一些地区超过了物质援助，对外援助为我国传统文化下的价值观传播在不同文化体系内的传播打开了大门，同时也为传统文化传播融入对外援助中奠定了基础。

第三，借助对外援助传播"中国模式"的成功经验。"中国模式"的成功经验是值得全世界学习和借鉴的，作为"中国模式"的担当国，将"中国模式"的成功经验进行传播和分享也是大国担当的一种表现。对外援助为我国传统文化在不同文化体系内的世界范围的传播开拓了新的渠道，而"中国模式"的成功经验与我国传统文化的核心思想和精华理论是分不开的，以"中国模式"的成功经验为平台，融合传统文化在不同文化体系内进行宣传和传播，必然会起到事半功倍的作用。自改革开放以来，经过40多年的发展与完善，我国在法律体系、公共治理体系、行政体系等多方面都越来越健全，依法治国、民主抉择、政务公开化等多方面都得到了很大的优化与提升。在借助对外援助的渠道上，可以将"中国模式"治理经验进行体系化、理论化的梳理，作为先进的经验进行推广和宣传，从而为受援国乃至全球的公共治理改善提供借鉴。受援国在学习先进的经验并与本国的社会治理进行融合时，必然会触及国家和社会的各项改革，此时可以借助对外援助带来的机会对受援国的政府官员、社会经营开展各项培训和我国传统文化、政治思想的输入，从而为开拓我国传统文化向不同文化体系的传播提供可行的渠道。

三、构建新型对外文化合作机制

第一，借助"一带一路"倡议实现传统文化的传播。"一带一路"倡议融合了政治、经济、文化等多个领域，也为我国传统文化在不同文化体系的全世界范围内的传播提供了新的渠道和机会。"一带一路"倡议为我国传统文化的输出实现了跨文化体系的传播，而文化交流也是"一带一路"倡议发展中不可或缺的一部分，"一带一路"为我国和合作国创造了共同目标和机遇，将会为我国对外文化交流方面创造新的契机。自2015年"一带一路"倡议开始实施以来，为我国和沿线国家提供了诸多的文化交流和合作的机会，也为我国众多文化省份提供了传统文化输出的平台和渠道，诸多省份为了促进特色文化的输出和交流，为带动本省经济发展带来更多的机会，对于文化交流方面制定了详细的发展计划和方案，并成立了相关的研究院和智库、负责组织等，从而支撑整个"一带一路"中文化产业交流和发展。

第二，构建人类命运（利益）共同体体现传统文化价值。党的十八大以来，习总书记在诸多外交场合提出了人类命运（利益）共同体的概念，这是从我国传统文化的儒家思想文化和核心衍生出的文化观，也是习总书记从历史中与亚洲各国和平相处的重要历史经验，总结亚洲各国在现代化过程中运用以儒家思想为主要特征的东亚价值观念的重要历史经验，为今天建设命运共同体所用，而我国将会协同亚洲各国共同探索、发现并总结亚洲文化的整体思想，建立命运和利益共同体，并逐渐推动亚洲乃至全人类的命运和利益共同体的建设。人类命运（利益）共同体的核心是分享、合作、共赢、包容；人类命运（利益）共同体构建的本质是在维护自身安全、追求本国利益的同时，要兼顾共同体内其他国家的利益，不能把自身的稳定和发展建立在损害他国利益的基础之上；人类命运（利益）共同体构建的特点，就是要打造一个相互辅助、相互融合的多变格局，从而实现在不同的社会制度、不同的发展阶段下的所有国家的互惠互利、相互依存、共同发展。人类命运（利益）共同体的构建，打破了传统的国际政治生态思想认知，是探索人类共同发展的新思想、新战略。它不仅是从人类发展和经济发展的层面出发，更多的是体现了我国传统文化思想包容、共赢的核心价值观。自古以来，我国与周边国家的关系就非常紧密，从地理位置上也是一衣带水，我国也非常重视与周边国家的关系处理和发展。当前，在全球化发展的趋势下，不仅是东亚各国，我国与世界上各个国家和地区都有着非常紧密的关系。习总书记站在战略的高度，本着我国传统文化中"大同""和合"的思想和文化价值观，本着和平共处的基本原则提出了合作共赢、包容共享的人类命运（利益）共同体的概念，期望借助我国传统文化的思想和文化，打造一个和平共赢、稳定发展的全球局势，构建一个对各个国家有利、对全世界发展有利、对人类发展有利的全新的世界秩序。

四、构建外交文化传播路径

第一，借助外交渠道，传播"和谐"新理念。国家外交本身就是对另外一个国家的外交沟通，已经搭建了一个沟通路径，所以在国家外交方面，根据我国传统文化的"和合文化"打造全新的国际政治理念，并且借助外交渠道表达我国在国际政治新理念的态度，彰显中国传统文化的魅力。我国的"和合文化"是以双方之间和睦相处为基础，强调彼此之间的团结合作、和平相处，在当前冲突不断、争斗常见的国际形势下，"和合文化"体现的"和谐"国际政治理念与当前的国际形势准则和人类文明史发展更为符合和贴切。在国家外交过程中，传播我国的"和谐"新理念，从文化价值和思想的角度上看，和谐主张和睦，是国与国之间共同发展、人类共同进步的前提；从国际关系的角度上看，和谐是维护本国安全的基础和前提，只有在和谐的国际环境中才能有效地实现本国的发展；从国家的角度上看，和谐是实现国际关系的最佳途径，是为本国发展提供更多机会、构建更多渠道的方法。作为一个国际大国，我国要主动担负起大国责任，不断传播"和谐"的新国际政治理念，并且为维护世界和平发展、打造和谐国际新局势主动承诺并不断行动。在符合当前世界发展潮流下，只有主动担当、我国才能赢得更多的国际认可和支持，才能真正构建一个新的国际新局势。

第二，在国家外交中彰显传统文化的魅力。我国传统文化是中国上下五千年的文化沉淀，也是中华民族的精神升华，更是一个国家彰显强大的文化软实力的独特角度。为了能够让其他文化体系下的民众对我国的传统文化产生兴趣，可以在国家外交中彰显我国的传统文化魅力，在国家政府的层面产生好感，并结合其他的文化传播策略自上而下、从内到外地增强中华文化的影响力。在国家外交中彰显传统文化魅力，要建立在我国传统文化深度挖掘以及与现代文化进行融合创新的基础上，呈现出的现代意义的传统文化，不仅体现出我国上下五千年的文化凝聚和结晶，更彰显出我国传统文化的现代意义，比如代表我国生活方式的各地美食、民族风情、工艺制品、风俗节目，等等，都是具有现代意义的传统文化精华，为了能够实现不同文化体系下的民众能够接受并产生影响，更需要不断地整理与创新，使其成为我国传统文化对外输出的文化名片、彰显中华民族独特魅力的新途径，继而让全世界意识到我国传统文化的魅力所在，也使得我国文化层面的国际形象不断地优化并强大起来。

五、注重核心文化观念的挖掘、整理与传播

第一，挖掘与传播核心文化。一个国家或民族的文化是分层次的，一般浅层次的文化往往容易被其他文化体系的民众理解和熟知，但是往往核心文化才能真正表现出一个国家或民族独特的思想和精髓，也应该是我国传统文化对外传播的出发点和落脚点。以我国的武术文化为例，武术文化是我国特色传统文化的一个代表，由各大武术影视明星的作品在国际上造

成的巨大影响使得中国武术文化在西方国家十分盛行，尤其是在初期西方民众认为每个中国人都是会功夫的，可见我国的武术文化在西方国家的传播和影响之巨大。细分我国的武术文化，从外到内可以分为"武器或拳脚""武术制度""武术思想"三个层次，绝大多数的西方民众都是对技巧性强、操作或观赏性高的"武器或拳脚"这种浅层次文化感兴趣，也有不少人对"江湖等级、江湖规矩或制度"等中层次文化了解或熟知，但是真正了解武术文化的核心——"武术思想"的西方民众则是凤毛麟角，而这种核心思想却恰恰是最能展现中华民族武术文化的关键和核心所在。所以对我国传统文化在不同文化体系下的传播和影响，要从文化的核心入手，以核心文化为基础打造设计宣传方案、打造宣传媒介，只有这样才能让真正表现我国传统文化的深层次文化在潜移默化中对其他文化体系下的民众进行影响和渗透。

第二，加强核心文化的整理与创新。实现我国传统文化在不同文化体系的传播，核心文化的整理和创新是关键。一般来说，核心文化是基础和关键，是民族文化的思想精髓，对不同文化体系的民众来说讳莫如深，难以接受，而外层文化是表现，常常由一些文化符号或具象的事物呈现，对于不同文化体系的民众来说具体形象容易接受，所以传统文化的核心层文化的传播在源头上就有一层障碍，此外，国外的文化意识形态审视与国内存在很大的区别，又增加了核心文化的传播难度。所以，在加强对传统文化核心层挖掘的同时，还需要加强对其的整理与创新，尤其是在传播技巧上更是在坚持核心文化内涵的同时要讲究技巧，切莫出现本末倒置的低级错误或是晦涩难懂而导致受众难以理解的现象。在对马克思主义大众化的学习方面，我国的国家领导人往往能够在坚持马克思主义核心价值观的基础上巧妙地避开原理论中的晦涩难懂的语言表达或思想表达，提出了各种朗朗上口且又简单易懂的传世名言，例如"枪杆子里面出政权""共产党人好比种子，人民好比土地，我们到了一个地方，就要同那里的人民结合起来，在人民中间生根、开花""不管黑猫白猫，能捉老鼠的就是好猫"，等等。这些都为我国传统文化的传播给予了很多借鉴价值。整理传统文化核心思想，坚持核心文化观结合现代文化价值的创新，使其变为一个能为现代所用、为不同文化体系下民众容易懂的传播文化，形成一种通俗并非简易、传统并非无用的文化价值体系，只有这样才能让更多的人容易理解且易于接受，才能实现不同文化背景下的全世界各个区域的民众能接受、学得会、影响大的传播效应。

第九章　结论

在当前仍然是以和平共处、共同发展的全球态势下，全世界范围内不同文化体系、不同民族和国家地区之间的交流越来越频繁，由于人为的主观意识的文化输出或者经济交流互动造成的文化思想的碰撞和冲突，不同文化体系下的文化交流与碰撞也越来越频繁。作为我国当前的发展战略之一，文化发展已经成为我国当前经济结构改革进程中的主要重点工作之一，加强我国传统文化在全世界范围内的对外输出，已经成为我国提高文化软实力、发展文化产业、维护国家国际形象、为我国民众抵御外来文化的侵蚀而树立正确的思想价值观的主要方式。

我国传统文化是中华民族上下五千年的精神思想结晶，也是中华民族大团结下的民族情感积淀和精神思想和价值观结晶，对于我国现代社会主义发展来说，具有非常重要的现实意义。所以，我国传统文化跨文化的对外输出，首先要将文化提升到国家战略的高度，要努力将我国建设成文化强国，坚持传统文化"走出去"的战略方针，将我国传统的优秀文化和精神思想在不同文化体系下进行全世界范围内的传播，只有这样，才能有效地应对同质文化和异质文化在国内市场、国际市场的竞争，实现维护我国国家文化安全的目标，才能有效增强我国文化软实力的构建与发展，从而提升我国在国际舞台中的大国形象，才能促进我国文化产业的构建，促进我国经济结构的优化升级，让我国供需结构改革持续加力，继而为我国拓宽更大的国内和国际贸易市场，促进我国经济的进一步发展，才能提升我国在全球范围内的影响力，让我国在国际舞台上赢得话语权和主动权，并且为维护世界文化多样性而贡献力量。

我国传统文化跨文化对外输出，需要从战略的角度出发，要确立中国传统文化走向世界的目标，并将该目标设定为基础目标，来完成我国传统文化跨文化对外输出的方案的制定。

实现中国传统文化走向世界的目标有两个方面的要求：第一，中国传统文化对人类文明史的贡献和影响，中国传统文化是中华民族的精神和价值观的具体呈现，是中国人民传承和发展的主要核心，借助传统文化对不同文化体系的民众的影响力，可以让世界民众更好地了解中华民族思想、认识中国人民美好愿望，也为中国在国际地位和话语权的提升奠定良好的基础；第二，中国传统文化提升中国的国际形象和话语权。中国传统文化"走出去"并且与不同文化进行交流融合，不仅对中国传统文化来说能够吸收和优化中国文化，而且能够为全世界的文化做出贡献，为丰富他国文化、促进双方合作与发展奠定良好基础，他国民众和领导人能够认识到中国爱好和平的愿望，愿意与中国进行多方合作，愿意支持中国，让中国能够在国际舞台上具有更高的地位和更大的话语权，对于中国来说，增加了更多合作机会的同时，也能够在国际舞台上展现自己的大国担当，为全世界的发展起到极大的促进作用。

我国传统文化跨文化对外输出方案的制定，第一要明确我国传统文化传播内容的基本内涵，第二要明确并确立我国传统文化对外输出的实施主体，第三要对我国传统文化的对外输出的传播载体进行分析并了解其优缺点，第四要清楚我国传统文化跨文化传播的受众的特点，第五要明确我国传统文化对外输出的整体策略。

第一，明确我国传统文化传播内容的基本内涵。我国是拥有上下五千年文明历史的国家，灿烂的传统文化思想经历了五千年历史的打磨和提炼，已经成为代表中华民族思想和人文传承的核心，并且在我国社会主义建设过程中，中华民族的优秀思想更是展现着它的现代魅力，体现着现代的价值。我国传统文化跨文化传播的主要内容包括了具有丰富普世价值内涵的优秀传统文化以及独具传播魅力的中国特色社会主义文化，只有选择具有代表中华民族思想特点和文化精华的核心以及其在现代文明建设过程中展现的现代价值，才能真正成为世界文明发展的有生力量，才能真正为其他国家所学习和借鉴，真正提升我国的国际形象和话语权，达到我国传统文化跨文化输出的目标。

第二，明确并确立我国传统文化对外输出的实施主体。我国传统文化的对外输出，本身就是一个综合性、系统性的庞大工程，需要构建一个完善的实施主体架构，汇总政府、企业、民间组织或个人以及其他等一切可以调用的力量，彼此相互扶持、相互配合，从而形成一种多元化实施主体构成、全民参与文化传播的全新格局。在我国传统文化跨文化输出的实施主体构建方面，要联合政府、企业、民间组织和个人等不同的主体，形成一个政府主导、企业主体、市场运作、社会参与的文化走向世界的实施主体构架，通过充分调动各个主体的积极性、完善各个主体之间的合作机制，实现我国传统文化在国际上的交流与传播，最终达到我国传统文化走出国门、走进其他文化区域并产生影响力的效果。

第三，对我国传统文化的对外输出的传播载体进行分析并了解其优缺点。当前常见的传播载体包括大众传媒载体、语言媒介、文化交流平台、民间力量、文化产业和外贸载体，不同的传播载体在跨文化传播过程中起到的作用和效果是不一样的，而选择和培育跨文化传播的载体则是跨文化传播视角下中国传统文化走向世界的关键。我们要打造坚实的经济条件、建立完善高效合理的文化制度体系，实现营造稳定的跨文化传播情境，要通过学习和培养跨文化传播的规律、构建多元化的跨文化传播纽带与桥梁、优化和创新对外汉语的教学、利用互联网媒体来提升传播能力、培养传统文化对外传播人员等诸多方式，培育我国传统文化跨文化传播的载体，从而为我国传统文化对外输出奠定稳固而有效的传播基础。

第四，掌握我国传统文化跨文化传播的受众的特点。由于地域阻碍造成的文化体系，构成了全世界多样化的人类文化。处于不同文化体系下的受众，其在信息接收习惯、事物认知、对文化传播的适应和接受程度等诸多方面都存在差异性，所以我国传统文化在不同文化体系的全世界范围内的传播，不仅要分析传播主体在内容、传播技巧和载体方面的能力，更是需要分析不同文化体系下的受众特点和接收信息的习惯，要做到尊重受众、满足受众，根据不同的受众制定和实施不同的文化传播策略，只有这样才能从文化传播的接收端真正达到我国传统文化的对外传播的目标。但是我国在对受众分析方面还存在很多不足，比如受众对象差异化分析不彻底、受众对象的文化接收习惯了解不透彻、文化传播手段单一对受众对象的"迎合性"不强等问题，所以我国传统文化跨文化传播方面，要充分考虑不同文化体系下受众的差异性，要本着坚持"广播"与"窄播"相结合的原则、迎合当代民众的原则、雅俗共赏的原则、增进交流和理解的原则，来开展我国传统文化的跨文化传播。

第五，明确我国传统文化对外输出的整体策略。在我国传统文化跨文化输出的整体策略方面，要从找准跨文化传播战略基础、构建文化输出微观策略、搭建文化输出的宏观体系三个方面入手。在找准跨文化传播战略基础方面，要始终坚持文化自信、加强我国各级政府对我国传统文化跨文化输出的重视、提升我国综合国力等多个方面来为我国传统文化跨文化传播奠定良好的基础。在构建文化输出微观策略方面，我们要深度挖掘传统文化的现代价值、根据受众差异性实行针对性的输出策略和构建符合国外受众的传播方式以及划分我国传统文化的传播层次，从而实现不同受众的差异化输出。在搭建文化输出的宏观体系方面，要始终坚持提升"中国模式"的魅力、融合对外援助的渠道、构建新型对外文化合作机制、构建外交文化传播路径、注重核心文化观念的挖掘整理与传播，最终实现我国传统文化跨文化传播的架构设计，为我国文化输出的具体实现提供依据。

在我国传统文化跨文化传播的工作开展中，在明确的目标引导下，依托于我国完全的文化对外输出传播方案，可以有效地将我国传统文化思想和中华民族价值观传播到不同文化体系下的受众心中，并且在潜移默化中提高我国传统文化的影响力，从而真正实现维护我国在国际上的大国形象、提升国际话语权的目标。

参考文献
REFERENCES

［1］ Edward W. Said. Culture and Imperialism［M］. VAN—TAGE BOOKS, New York, 1993.

［2］ Howard Giles, Donald M. Taylor, Richard Bourhis. Towards a theory of Interpersonal Accommodation through Language：Some Canadian Data 1［J］. Language in Society, 1973.

［3］ Huang Yiping. A Strategic Study On Zhuang Opera's Cross-Cultural Communication and Interaction［C］// American Association of Chinese professors of Humanities and Social Sciences. Proceedings of The 23rd Association of Chinese Professors of Social Sciences in the United States（ACPSS）International Conference. American Association of Chinese professors of Humanities and Social Sciences, 2017.

［4］ J. M. Mitchell. International Cultural Relations［M］. London：Allen&Unwin, 1986：19-20.

［5］ Young Yun Kim and William Gudykunst, eda. Theories Intercultural Commution［M］. Beverly Hills, CA：Sage, 1988：41, 65.

［6］ 白紫薇. 孔子学院转型发展研究［J］. 中国人民大学教育学刊, 2020（4）：63-72.

［7］ 查灿长. 奥运后效应：跨文化传播的策略与运作模式研究［D］. 上海：上海大学, 2010.

［8］ 陈宇涵. 跨文化心理学中的文化适应问题分析［J］. 心理月刊，2018（10）：40.

［9］ 戴德，戴圣. 礼记［M］. 南昌：江西美术出版社，2020：10.

［10］ 单波. 跨文化传播的问题与可能性［M］. 武汉：武汉大学出版社，2010.

［11］ 邓清柯. 世界进入文化软实力时代［J］. 湖南社会科学，2009（5）：149–157.

［12］ 段连城. 对外传播学初探［M］. 郑州：中国建设出版社，1988.

［13］ 冯智强. 中国智慧跨文化传播的"中国腔调"——林语堂"译出"策略的多维思考［C］// 中国英汉语比较研究会. 中国英汉语比较研究会第十次全国学术研讨会暨 2012 英汉语比较与翻译研究国际学术研讨会会议日程和摘要汇编. 中国英汉语比较研究会：清华大学翻译与跨学科研究中心，2012.

［14］ 龚天颖. "16+1 合作"机制下中国对中东欧文化外交研究［D］. 北京：北京外国语大学，2019.

［15］ 郭乐乐. "一带一路"背景下央视丝路题材纪录片研究［D］. 保定：河北大学，2018.

［16］ 哈罗德·拉斯韦尔. The Structure and Function of Social Communication［M］. 北京：中国传媒大学出版社，2013.

［17］ 洪早梅. 跨文化交际视阈下影视作品外译的探赜［J］. 海外英语，2020（21）：175–176.

［18］ 贾宗普. 跨文化传播学科的归属［C］// 全球修辞学会，国家传播学会，安徽师范大学. 首届国家传播学高层论坛摘要集. 全球修辞学会，国家传播学会，安徽师范大学：全球修辞学会，2016.

［19］ 姜飞. 跨文化传播学的渊源和研究视角［N］. 中国社会科学院

院报，2007-05-31（8）.

［20］ 杰姆逊.全球化的文化［M］.马丁，译.南京：南京大学出版社，2002.

［21］ 雷彤.赴马来西亚汉语教师志愿者跨文化适应调查研究［D］.北京：北京外国语大学，2019.

［22］ 李凤亮，罗小艺.跨文化交流视域中的"一带一路"文化产业合作［J］.西北工业大学学报（社会科学版），2018（4）：34-41.

［23］ 李鲤.超越表征：数字时代跨文化传播研究的新视野［J］.当代传播，2020（6）：62-65.

［24］ 李敏.推动非洲孔子学院完善及发展的路径研究［D］.北京：中共中央党校，2019.

［25］ 李莎.从强调差异到平等对话的文化视角探析［N］.中国社会科学报，2020-12-30（12）.

［26］ 李珊珊.社会组织正成为对外交流的重要力量［N］.中国文化报，2010-12-07（6）.

［27］ 李迅，杨颖.汉语国际教育专业审美教育体系构建刍议［J］.淮阴师范学院学报（自然科学版），2020，19（4）：360-363.

［28］ 李亚文.探析"一带一路"主题微电影的跨文化传播［J］.戏剧之家，2018（26）：91-92.

［29］ 梁华（ALHAG ABDALGAFAR）.苏丹喀土穆大学孔子学院中国文化活动调查报告［D］.广州：广东外语外贸大学，2019.

［30］ 刘惠云，任娟.我国非物质文化遗产译介研究特征及展望［J］.通化师范学院学报，2020，41（11）：8-12.

［31］ 刘茂媛.跨文化视域下俄语新闻汉译相关问题研究［C］//美国学术会议学会，新加坡管理和运动科学学会.2017第二届ICMIBI应用社会科学与商业国际会议论文集（ICMIBI-ASSB 2017）.美国学术会议学

会，新加坡管理和运动科学学会：智能信息技术应用学会，2017.

［32］刘容希. 跨文化传播中的文化差异与文本误读研究［C］// 中国英汉语比较研究会. 中国英汉语比较研究会第十次全国学术研讨会暨2012 英汉语比较与翻译研究国际学术研讨会会议日程和摘要汇编. 中国英汉语比较研究会：清华大学翻译与跨学科研究中心，2012.

［33］刘小学. 中国民族传统体育在北欧的传播模式的研究［M］. 北京：北京体育大学出版社，2014.

［34］刘晓莉. "一带一路"背景下中医药翻译与传播初探——以四川绵阳中医药文本翻译为例［J］. 长江丛刊，2020（35）：39-40.

［35］刘晓璐. 智媒时代下电视媒体的跨文化传播——以央视俄语国际频道为例［J］. 记者观察，2020（33）：26-27.

［36］刘滢. 国际传播：全媒体生产链重构［M］. 北京：新华出版社，2016.

［37］卢红晔，周古欣. 纪录片《一带一路》的跨文化传播策略［J］. 采写编，2020（6）：23-25.

［38］罗新星，谭嘉. 跨文化视角下《声入人心》的传播创新策略研究［J］. 长沙大学学报，2020，34（6）：140-144.

［39］孟建. 探索增强中华文化全球影响力的新方法新路径——关于建构跨文化分层传播体系的理论思考［C］// 北京师范大学中国文化国际传播研究院. 中国与世界：当代中国文化国际影响力的生成——"第三极文化"论丛（2020）. 北京师范大学中国文化国际传播研究院，2019.

［40］孟子. 孟子［M］. 段雪莲，陈玉潇译. 北京：北京联合出版公司，2015：7.

［41］米丽英. 中国文学外译的译介效果策略研究［C］// 上海来溪会务服务有限公司. 2016 第二届经济管理与社会科学国际会议论文集. 上海来溪会务服务有限公司，2016.

［42］ 娜吉达. 跨文化旅游背景下俄罗斯大学生来华旅游动机及其对华形象感知［D］. 呼和浩特：内蒙古大学，2019.

［43］ 宁继鸣，马晓乐. 中华文化与传播：学理关切与教学实践［C］//第十一届国际汉语教学研讨会论文集. 世界汉语教学学会，国家汉办/孔子学院总部：世界汉语教学学会，2012.

［44］ 朴有贞. 来华韩国留学生的跨文化适应研究［D］. 哈尔滨：哈尔滨师范大学，2019.

［45］ 漆谦. 中国文化走向世界的路径选择——中国文化有效性传播：分论坛综述［C］//世界文化格局与中国文化机遇——"第三极文化"论丛（2013）. 北京师范大学中国文化国际传播研究院，中美电影节，南加州大学美中学院：北京师范大学中国文化国际传播研究院，2012.

［46］ 齐勇锋，蒋多. 中国文化走出去战略的内涵和模式探讨［J］. 东岳论丛，2010，31（10）：165-169.

［47］ 任成金. 中国文化走出去的历史借鉴与现实选择［J］. 中州学刊，2015（2）：91-97.

［48］ 沈苏儒. 对外传播的理论与实践［M］. 北京：五洲传播出版社，1988.

［49］ 宋卫泽，彭彤. 跨文化视角下中国传统文化对外传播——评《当代中国文化对外传播——中国道路，文化建设》［J］. 新闻与写作，2020（12）：115.

［50］ 孙英春. 跨文化传播学［M］. 北京：北京大学出版社，2015.

［51］ 覃媛元. 言说中国：中国形象的跨文化传播［M］. 北京：新华出版社，2013.

［52］ 谭淑玲. "一带一路"背景下赴东盟留学生跨文化传播［J］. 新闻研究导刊，2020，11（22）：30-31.

［53］ 陶丹丹. 跨文化纪录片对中国非遗的间性叙事［J］. 东南传

播，2020（11）：13-15.

［54］田孟禾. 浅谈中华传统文化的跨文化交流传播［J］. 文化创新比较研究，2020，4（34）：187-189，192.

［55］王建平，文慧玲. 符号学视角下冬季奥运会吉祥物体育文化研究［J］. 武术研究，2020，5（12）：119-121.

［56］王劲竹. 海外华文媒体的发展进路与角色担当［J］. 今传媒，2020，28（12）：133-135.

［57］王庆福，文三妹. 跨文化传播视角下的纪录片国家形象塑造——以《一带一路》为例［J］. 新闻前哨，2017（10）：81-83，96.

［58］王亚方. 中国国家形象宣传片的修辞机制研究［D］. 昆明：云南师范大学，2019.

［59］王延隆，王泽彪.“一带一路”背景下浙江茶文化“走出去”路径研究［J］. 文化艺术研究，2018，11（4）：13-18.

［60］王永阳. 跨文化交际的第三空间与国际汉语教师跨文化交际能力培养［C］// 第十一届国际汉语教学研讨会论文集. 国家汉办 / 孔子学院总部：世界汉语教学学会，2012.

［61］王众一. 中国文化对外传播思考［C］// 世界文化格局与中国文化机遇——“第三极文化”论丛（2013）. 中美电影节，南加州大学美中学院：北京师范大学中国文化国际传播研究院，2012.

［62］吴卫民，石裕祖. 中国文化“走出去”路径探析［J］. 学术探索，2008（6）：108-114.

［63］夏侯勤. 中国大自然文学译介出版及跨文化传播策略探析［J］. 出版发行研究，2020（12）：75-80.

［64］肖珺，胡文韬. 新媒体跨文化传播的难点及其理论回应［J］. 新闻与传播评论，2021，74（1）：107-117.

［65］肖飘逸，王苑丞. 华为手机广告跨文化传播中亲情元素的运用

［J］. 视听，2020（12）：215-216.

［66］ 谢江. 孔子学院院长能力类型和结构分析［C］// 全球化的中文教育：教学与研究——第十四届国际汉语教学学术研讨会论文集. 澳门大学，中央民族大学，美国罗德岛大学：中央民族大学国际教育学院，2017.

［67］ 熊健，周康梁，周卫平. 从《睦邻·缅甸》浅析跨文化纪录片特点［J］. 戏剧之家，2021（2）：152-153，156.

［68］ 徐嘉锋. "一带一路"背景下中国国家形象的互动建构［J］. 电视指南，2018（10）：240.

［69］ 许硕. 公共外交背景下中华文化海外传播途径分析［J］. 新闻传播，2020（22）：38-39.

［70］ 许雪华. 跨文化传播视角下《快乐汉语》的国际推广［J］. 新闻战线，2018（24）：172-173.

［71］ 薛丽. 跨文化视角下的中国对外话语体系建构［J］. 人民论坛，2020（34）：97-99.

［72］ 杨嘉博，田浩，常江. 华人形象与华人文化的媒介镜像——基于美国电视剧《初来乍到》的接受话语考察［J］. 新闻与传播评论，2021，74（1）：118-128.

［73］ 杨羚. 全球化背景下中国英语新闻的跨文化传播［J］. 记者观察，2020（36）：56-57.

［74］ 叶进. 国际汉语教师在德语文化圈跨文化交际能力的培养［C］//中国国家开放大学. 汉语国际教育人才培养现状及对策. 中国国家开放大学：中央广播电视大学对外汉语教学中心，2011.

［75］ 尹瑞希. 新媒体时代网剧与跨文化传播的关系［J］. 西部广播电视，2020，41（24）：148-150.

［76］ 俞虹. 跨文化纪录影像传播中时间叙事的价值意义探讨——以"看中国"之《长城脚下》《翰墨人生》为例［C］// 中国与世界：当代中

国文化国际影响力的生成——"第三极文化"论丛（2020）. 北京师范大学中国文化国际传播研究院，2019.

　　［77］　张丽萍. 国际汉语教师的跨文化传播角色［C］// 汉语国际教育人才培养现状及对策. 中国国家开放大学：中央广播电视大学对外汉语教学中心，2011.

　　［78］　张妙雪. 地域文化融入对外汉语教学研究［D］. 伊犁：伊犁师范大学，2019.

　　［79］　张晓玲. 中西文化比较方法论研究［C］// 中国英汉语比较研究会第十次全国学术研讨会暨 2012 英汉语比较与翻译研究国际学术研讨会会议日程和摘要汇编. 中国英汉语比较研究会：清华大学翻译与跨学科研究中心，2012.

　　［80］　张怡. 跨文化传播视域下国家纪录片的媒介框架分析［D］. 大连：大连理工大学，2019.

　　［81］　赵红勋，赖黎捷. 意义协调管理理论：人际传播研究的一个理论面向［J］. 未来传播，2019，26（1）：31-37.

　　［82］　赵明. 从文化冲突案例入手谈国际汉语教师跨文化能力的培养［C］// 第十一届国际汉语教学研讨会论文集. 国家汉办 / 孔子学院总部：世界汉语教学学会，2012.

　　［83］　赵松，中外医学文献翻译的跨文化等值效应研究［D］. 黑龙江：齐齐哈尔医学院，2018.

　　［84］　郑珺. 跨文化言语交际研究——从比较修辞视角进行的分析［J］. 北京社会科学，2020（12）：81-88.

　　［85］　郑园园. 尊重文化多样性［N］. 人民日报，2005-10-23（003）.

　　［86］　中国外文局中国企业海外形象研究课题组，翟慧霞，孙敬鑫. 2020 年度中国企业海外形象调查分析报告——以"一带一路"沿线 12 国为调查对象［J］. 对外传播，2020（12）：20-22.

［87］ 周婧秋. 关于中华文化对外传播的有效方式和策略的思考［J］. 赤峰学院学报（汉文哲学社会科学版），2013，34（9）：118-119.

［88］ 周盛楠. "一带一路"背景下中国海洋题材纪录片研究［D］. 保定：河北大学，2018.

［89］ 周媛，林克勤. 文化全球化时代跨文化传播的话语"误读"问题反思［J］. 外国语文，2020，36（6）：85-90.

［90］ 朱鹏. 跨文化交际视角下皮克斯动画电影的文化符号阐释［D］. 兰州：兰州理工大学，2019.

［91］ 朱雪茹. 文化传播视野下的博物馆文本翻译研究［D］. 河南：济源职业技术学院，2012.

后 记
AFTERWORD

　　经济全球化进程促使人类交流活动不断深入，作为中华人民共和国的瑰宝，中国传统文化是中华上下五千年历史文明、炎黄子孙精神和脊梁的具体呈现。随着我国经济实力的不断提升，我国在国际舞台中的地位越来越高，借助文化力量来让我国的大国形象更加伟岸是构建文化、军事、政治强国之后的另一个重要方向。

　　本书所表达的中心思想，是如何站在文化传播理论框架下，依据跨文化的客观事实，来不断构建并完善我国传统文化的跨文化传播体系。全书所阐述的核心则是如何构建我国传统文化跨文化传播涵盖传播内容、传播实施主体、传播载体、不同文化体系下的受众对象等多个内容的传播体系，并在我国现有的文化传播体系的基础上，如何实现我国传统文化在跨文化传播的背景下走向全世界的实施对策。

　　本书的完成，离不开诸多成熟理论的支撑以及对诸多专家学者的研究成果的借鉴。在撰写过程中，我也曾深入思考过我国传统文化该如何实现跨文化传播的这一难题。当然，我也曾想过放弃，但当我面对我国日益强盛的综合实力，面对众多中华儿女不断拼搏、坚持不懈实现中国梦的场景，我选择了继续坚持。在面对具体的问题时，我又重新回到了理论源头，我始终坚信任何实际困难的解决方案都会遵循既定的理论。所以，我再次研究了传播学的理论，再次将思路放到了跨文化传播的基本理论体系上，也正是这种反反复复的理论指导和实践求证，才让本书的内容能够与

各位专家、学者、读者见面。或许，这才是真正深入理解理论知识、熟练
运用理论知识的价值所在吧！

　　最后，在此对支持我、帮助我的各位亲朋好友献上我最诚挚的祝福和
谢意，也感谢各位专家、学者的鼓励和指正。

付　伟

2021 年 6 月